LA MONTAGNE ET SA SYMBOLIQUE

« Spiritualités vivantes »

Marie-Madeleine Davy

LA MONTAGNE ET SA SYMBOLIQUE

Albin Michel

Albin Michel
▪ *Spiritualités* ▪

Collections dirigées
par Jean Mouttapa et Marc de Smedt

22, rue Huyghens, 75014 Paris

ISBN 2-226-08453-3
ISSN 0755-172 X

Aux amis de la Montagne,
du dehors et du dedans.

Celui qui monte ne s'arrêtera jamais,
allant de commencements en commencements
par des commencements
qui n'ont jamais de fin.

Grégoire DE NYSSE.

Préface

> Qui veut gravir une montagne commence par le bas.
>
> CONFUCIUS.

Le lecteur ne doit pas s'attendre à trouver dans ces pages le moindre propos relevant de la géographie, ni apportant quelques nouveautés sur les montagnes : leur apparition, les terrains qui les composent et leur économie. Le contenu de cet ouvrage répond exclusivement à son titre. Seule la symbolique se trouve retenue. Inscrite dans un contexte précis, celui des mythes, cette symbolique véhicule un passé, chevauche diverses traditions, d'où sa présence dans les Écritures sacrées. Elle se découvre aussi dans les légendes et les contes.

A une époque où la montagne donne lieu de plus en plus aux organisations lucratives pour ceux qui créent et entretiennent des stations de sports, et devient un lieu de plaisir pour les vacanciers, cette montagne porteuse de secrets risque de perdre son mystère. En souligner l'importance, tel est notre projet. D'où l'évocation de la montagne intériorisée.

Au-dedans, l'escalade de la montagne intérieure exige une

connaissance de soi, d'autrui et aussi du contexte historique dans lequel l'existence se déroule. Pour exprimer les épreuves qu'il convient de traverser – avant de décrire les haltes de repos dans des refuges provisoires –, seules les expériences personnelles apparaissent signifiantes. Sinon le dire et l'écriture découlent de récits entendus et de lectures. A cet égard, tout ce qui s'exprime par ouï-dire sonne faux, mais l'oreille risque de ne pas s'apercevoir de l'altération des mots dont il est fait usage.

L'expérience authentique soulève en soi-même et chez autrui des résonances. L'écho produit une émergence de ce qui somnolait. Sorte de brise faisant surgir des profondeurs inconnues. Toutefois, correspondant à divers niveaux de conscience, les révélations diffèrent. Le fond désigne le sommet qu'on pourrait nommer : le mont des Révélations. Chacun a son Sinaï. D'où l'impossibilité de comparer les découvertes conduisant à la nudité des rochers dont la cime n'est jamais atteinte de façon définitive. L'approche déclenche déjà un immense émerveillement. Auparavant, des épreuves, des pièges, des dépouillements successifs étranges et imprévus. Un renouvellement total. Une nouveauté de vie. L'esprit se dilate et l'amour s'écoule du mont des Béatitudes dans un ruissellement de tendresse. L'éternité brûle le temps et le consume.

Et l'homme s'éveille.

Douter de l'existence de la *montagne intérieure* s'avère parfaitement normal. Comment ne pas mettre en question ce qui n'a pas été rencontré ? Enfouie dans la terre, la semence se tait. Seule son apparition s'offre à la vision. Au printemps, les bourgeons se forment, le feuillage se déploie. La végétation se dilate grâce à un constant enrichissement d'ornements et de parures.

A l'opposé, la connaissance et l'expérience de l'homme intérieur s'accomplissent par un allégement. Dans l'ordre de la symbolique intériorisée, l'acquisition et le progrès correspondent à un dénuement en faveur de l'essentiel. L'homme se libère. Ce qui a été utile, voire nécessaire avant la montée... se retire. Faire l'ascension de la *montagne intérieure* exige d'avoir auparavant vécu la condition humaine avec ses problèmes et ses diverses manifestations.

Tous les hommes ne sont pas concernés par l'ascension de la Montagne intériorisée. Les différences ne sauraient être appréciées en termes de supériorité ou d'infériorité. Grâce à sa propre expérience, *l'homme-montagne* ne peut ignorer la fragilité de la condition humaine. Montée et descente – pour ne pas dire dégringolade – se jumellent. Sommets et précipices fraternisent. Peu à peu, l'unité s'engendre et se déploie.

Ce propos incomplet s'applique à la Montagne intériorisée. Il offre un *canevas* au lecteur. C'est à lui d'apporter son déchiffrement personnel en comprenant qu'il s'agit simplement de formuler une invitation au *voyage* ou plutôt à l'*escalade*.

Dans sa préface aux *Carnets* de Léonard de Vinci, Valéry écrit : « Il y eut une fois Quelqu'un qui pouvait regarder le même spectacle ou le même objet, tantôt comme l'eût regardé un peintre, et tantôt en naturaliste ; tantôt comme un physicien, et d'autres fois, comme un poète ; et aucun de ces regards n'était superficiel [1]. »

C'est à chaque lecteur de savoir l'originalité de son propre regard.

Préliminaires

LA MONTAGNE ET SES ORNEMENTS

Montagnes et sources – Lacs de montagne – Ombre et lumière – La montagne épouse du soleil – L'arc-en-ciel – Les amis de la montagne.

> Les Montagnes ne sont pas l'Absolu mais elles le suggèrent.
>
> SAMIVEL, *Monastères de montagne.*

Dans ces Préliminaires, la montagne extérieure se trouve envisagée d'une façon brève. La situer exige de la différencier des autres sites présentés par la nature. Tenter de définir l'originalité de son visage consiste à en signaler la splendeur. La montagne a ses chantres, ses poètes, ses amis.

Porteuse de secrets jamais entièrement révélés, la montagne conserve dans ses flancs des éléments d'une inépuisable initiation à la beauté. Apprendre à la regarder avec amour appartient simultanément à l'Orient et à l'Occident. Séduits par la montagne, des hommes lui consacrent leur vie. Pour eux, elle devient un livre ouvert dans lequel ils déchiffrent des signes murmurés dans un vaste silence. Celui-ci éveille le cœur, stimule l'intelligence, fait accéder à un au-delà du passage relié au temps.

Montagnes et sources

Les montagnes enfantent des sources dans leurs entrailles. Ces divers ruissellements vont descendre le long des parois et entreprendre de très lointains voyages. D'un débit menu au départ, ils s'enrichiront durant leur périple. Avant de jaillir de la terre, les sources ont dû mener une existence souterraine. A leur propos, Samivel évoque les formes reptiliennes provenant de l'imagination populaire. Aux Indes, « la Gangâ céleste tombe dans un lac mystérieux des Himalayas, d'où naissent les fleuves [1] ». Lors de son pèlerinage à travers diverses contrées, la source ne cesse de se gonfler. Peut-être les cours d'eau qui la rejoignent l'interrogent-ils sur son origine. Elle doit répondre en invoquant sa naissance en haute montagne. Fille de l'altitude, elle peut en conserver la nostalgie tout en se répandant au sein des vallées, avant de rencontrer la mer et de devenir totalement anonyme après avoir porté le nom d'un fleuve.

Quand l'homme entreprend l'ascension de sa montagne intérieure, il découvre en lui la présence d'une source. Elle prend naissance dans son fond. Il ignore le point d'où elle émerge. C'est le chant de la source qui lui permet d'en saisir la réalité. Cette mélodie – comparable au parfum d'une fleur – ne brise pas le silence. Discrète, elle ne s'impose jamais. Chuchotement permettant de saisir les origines, les naissances et les métamorphoses. Tintement subtil d'une présence qui accompagne en enseignant la lucidité dans la lumière et aussi dans la nuit. Sur son passage, la source a pour fonction de dévoiler. Et toute l'action de celui qui la découvre consiste à ne pas faire obstacle à sa fluidité. La stopper dans son parcours, suspendre sa course serait une terrible erreur. Il existe des regards secs et des regards humides. Ceux-ci sont animés secrètement par la source du dedans, créatrice d'un climat intérieur et d'une relation juste avec l'extérieur. Ceux qui savent sont capables de distinguer dans les yeux la qualité d'une source secrète, pure ou polluée. Animés grâce à une source, les yeux sont éclairés par une lumière de printemps.

Lorsqu'il était en Inde, Henri Le Saux a célébré la source extérieure et celle du dedans :

« Oui, la source a jailli, ou plutôt le filet d'eau qui sourd de la source, car la source elle-même ne se découvre jamais, elle est toujours [...] plus lointaine que tout ce en quoi elle se manifeste, [...] Les sources du Gange ce sont les glaciers des Himalayas, mais les glaciers s'alimentent aux neiges des hauts pics, qui elles-mêmes ne sont que la cristallisation des nuages qui les enveloppent, eux-mêmes condensation de l'eau qui vient de partout [2]. »

« Tant que l'on n'est pas rentré en cette source au-dedans de soi, d'où naît l'altérité elle-même, on caresse seulement les idoles au-dehors, que l'on s'est fabriquées à sa propre mesure [3]. »

Lacs de montagne

Les lacs sont souvent comparés à des yeux. Béances de la terre reflétant ce qui l'entoure. En altitude, un lac de montagne symbolise un œil clair et profond. Celui d'un voyant. Seul un poète ou un ami des mystères peut le contempler d'une façon fraternelle et recevoir un message d'amour et de connaissance. En haute montagne, l'originalité d'un lac consiste à livrer un enseignement. Eau pure, le fond ne souhaite pas se dissimuler : il accepte d'être vu. En bordure de la rive, si un visage se tend, cherchant à distinguer une présence, une bouleversante surprise l'attend. Posé sur le lac, le regard plonge dans l'immensité de sa profondeur et la fait resplendir à la surface. Sollicitant une vision de lui-même, l'homme, orienté vers les reflets, voit apparaître son intériorité avec son ombre et sa lumière. Sa dualité porteuse de contraires est le scintillement solaire qu'il contient dans le secret de son paradis intérieur. Peu à peu, les écorces se détachent, les enveloppes s'effacent. L'homme penché se perçoit dans sa nudité. Non pas celle de son corps. Semblable à un écrin, la chair dépassée laisse filtrer la fine pointe de l'âme. Sur ce sommet, l'âme et l'esprit se rencontrent et s'unissent.

S'immerger dans l'eau d'un lac pour y nager n'est pas nécessaire. Le corps, saisi par le froid, risquerait d'avoir peine à remonter sur la rive. Encore une fois, ce n'est pas au corps que la clarté mystérieuse du lac s'adresse, mais au sommet de l'âme.

Le vent caresse l'eau, l'effleure avec discrétion. Lors des tempêtes, la brise perd sa délicatesse. Elle voudrait bercer. Mais elle fait tressaillir l'eau, la secoue, la bouscule. Sur la surface, en dehors des intempéries, pas de vagues. Mouvements d'allées et venues. Rides minuscules semblables à des battements de légères paupières ; comparables aussi à des esquisses de sourires. Des lèvres détendues souhaitent laisser passer un enseignement ; apprendre à autrui la douceur du repos. Halte festive. Aucune hâte, dont un courant deviendrait le porteur. Liturgie sacrée n'exigeant pas d'intermédiaires pour assurer un rituel. Le temple se trouve dans l'homme et la beauté du lac en ouvre la porte ; souvent celle-ci est dissimulée par un pseudo-culte de soi-même entretenant des artifices et des illusions.

Certains regards émanant d'hommes de lumière évoquent des lacs de montagne. Refusant de s'abandonner à des jugements de valeur, les voici des miroirs reflétant la beauté présente ou à naître de ceux qui partagent leur immensité. Aucune blessure ne saurait survenir. Ces regards lacustres possèdent des vertus thérapeutiques ; ils guérissent les plaies du dedans, font fuir l'angoisse liée au temps historique. Devenus des nains, les événements perdent leur démesure. Ne cessant de se rapetisser, ils disparaissent sans laisser de trace derrière eux.

L'œil correspond au lac. Il opère des métamorphoses, supprime les souvenirs inutiles, fait jaillir la plénitude de l'instant.

Nudité du lac, pureté d'un regard contemplatif capable de capter momentanément l'invisible. Se laisser imprégner par sa beauté, sans pour autant en être propriétaire. Aussitôt, le visible et l'invisible se mélangent. Ils s'aiment et s'unissent. Parfait miroir, le lac reflète les montagnes ou les arbres en bordure des rives. Si le regard de l'homme s'étend plus loin, en allant vers le centre de la nappe aquatique, il n'y a plus que la seule présence du ciel, de sa coloration et parfois celle des nuages mobiles. Lorsque le lac reçoit le soleil à la verticale, il devient lumière, immensité de clarté, or étincelant.

Une ancienne légende raconte qu'un pâtre – il s'agit souvent de bergers dans les contes – fut un jour d'été ébloui par l'ensoleillement d'un haut lac de montagne. Fasciné, il gardait les yeux fixés sur ces multiples chemins de lumière. Délaissant son troupeau, il s'approcha de la bordure du lac et risqua de poser ses pieds sur l'eau scintillante. Il n'enfonçait pas. Les brebis le regardèrent s'éloigner, puis, après quelques hésitations, elles le suivirent... Personne ne revit jamais le pâtre. Aucun corps ni d'adolescent ni de mouton ne flotta sur le lac. Après avoir murmuré cette fable, le vieux conteur avait coutume de la terminer en disant : « Le soleil les absorba. » La clarté les transforma en lumière. Dans le village auquel appartenaient le pâtre et son troupeau, le mot de « mort » ne fut jamais prononcé. Le mystère était respecté. Chacun se taisait devant le secret du lac de montagne. L'histoire était transmise l'hiver, lors des soirs de veillée. En présence d'étrangers, tout récit se trouvait suspendu. Conservé dans les nids tièdes de la mémoire, certaines éclosions inconscientes brodaient le texte initial.

A cette légende, d'origine occidentale, pourrait se relier un texte japonais. Vers l'époque de l'ère Enchô (923-930), vivait un moine nommé Kôgi. Artiste réputé, séjournant dans un temple, il occupait tous ses loisirs à voguer sur un lac de montagne. Lorsqu'il rencontrait des pêcheurs, il leur achetait les poissons qu'ils venaient de capturer pour leur permettre d'échapper à la mort. Après les avoir relâchés dans l'eau, Kôgi les peignait avec une extraordinaire précision. Un jour, il s'assoupit au bord du lac et rêva qu'il nageait, tel un poisson dans l'onde. A son réveil, il traduisit ce qu'il avait vu en une merveilleuse peinture représentant des carpes. De nombreux amateurs voulurent l'acquérir. Son refus suscita l'étonnement car il donnait volontiers ses tableaux figurant des montagnes, des fleurs et des oiseaux [4].

Le temps passa... Kôgi tomba malade. Sept jours plus tard, il mourut. Chose curieuse, une certaine chaleur se maintenait dans la région du cœur. Ses disciples et amis le veillèrent à tour de rôle durant trois jours. Soudain Kôgi reprit normalement conscience. Devant une assistance assez nombreuse, il révéla ce qui lui était arrivé.

Ignorant son décès, le moine éprouva tout d'abord l'impression de franchir des montagnes avant de se trouver en bordure d'un lac. Ayant enlevé ses vêtements, il plongea et constata avec envie l'aisance des poissons. « Par décret du dieu des Eaux », il devint momentanément une carpe dorée. C'était là une façon de le remercier d'avoir sauvé des poissons de la mort.

Poisson, dans un lac de montagne, il souffrit de la faim. Tout en sachant qu'il commettait une erreur, il absorba l'appât d'un pêcheur à la ligne. Ce dernier le tira sur la rive et le vendit. Un cuisinier le prépara pour être absorbé cru. Le poisson tenta de s'exprimer, mais personne ne percevait sa voix.

Plus tard, devenu âgé, peu avant son décès, Kôgi emporta ses tableaux représentant des carpes et les dispersa dans les eaux du lac de montagne. Aussitôt, les poissons peints sur papier ou sur soie s'animèrent et se mirent à nager [5].

La fraternité avec la nature permet de saisir le langage des végétaux et des animaux. Les légendes orientales et occidentales comportent de multiples transformations d'êtres humains en poissons et surtout en oiseaux. Tout dépend de leur degré de libération.

Une autre histoire, concernant un poisson et un oiseau, ne manque pas de charme ni d'imagination.

Dans le « lac céleste » , vivait un immense poisson nommé Kun et au-dessus un oiseau appelé Peng. Ce dernier possédait un dos « semblable au mont Tai, ses ailes couraient le ciel comme des nuages ». Grâce aux vents, il « s'élevait en spirale ». Plus encore, il « portait le ciel bleu sur son dos [6] ».

Ombre et lumière

Une montagne comporte deux versants : l'un est ombré, l'autre exposé au soleil. D'où leurs noms d'« ubac » et d'« adret » correspondant à une harmonie cosmique. « Dieu sépara la lumière de l'obscurité », d'après le texte biblique (Gn 1,5). Le *Zohar* [7] commente cette affirmation, en disant : « Jusqu'à ce point, le principe masculin était représenté par la lumière et le principe féminin par l'obscurité ; ils furent ensuite unis ensemble et faits un. Ce qui sert à distinguer la lumière de l'obscurité n'est qu'une différence de degré ; les deux sont de la même nature, car il n'y a pas de lumière sans obscurité ni d'obscurité sans lumière [8]. »

Auteur d'un ouvrage consacré à la mystique juive, Edward Hoffman fait allusion au taoïsme selon lequel les termes *yin* et *yang* désignent les deux flancs d'une montagne. Suivant l'interprétation cabalistique, la partie lumineuse positive est appelée le « Roi » ; l'ombre désigne la « Reine ». Ces deux partenaires s'unissent et engendrent des énergies nouvelles dans le cosmos. L'être humain est aussi composé d'ombre et de lumière, de féminin et de masculin. De leur équilibre ou déséquilibre dépend l'harmonie de l'homme. Le rapport intime entre le macrocosme et le microcosme, considéré comme primordial par les écrivains médiévaux, a été peu à peu oublié. Au cours de l'année, les différentes saisons sont soumises à la domination passagère du féminin ou du masculin. Un désordre, modifiant le comportement habituel de la nature, n'est pas sans effet sur l'existence humaine individuelle. L'âme du monde *(anima mundi)* et l'âme animatrice du corps humain entretiennent entre elles d'étroits contacts.

Ainsi les deux versants de la montagne coexistent et ne sont jamais séparés. L'humide féminin et le sec masculin forment une totalité.

Ces deux versants maintiennent une fixité. En effet, à ce double visage correspondent des végétations et des arbres d'essences diverses qui ne sauraient varier. Toutefois, au sommet, la roche nue présente un aspect unique avant l'accès aux neiges et aux glaciers. Selon Léonard de Vinci : « A grande distance, les couleurs ombreuses des montagnes se teintent d'un bleu plus beau et plus pur que les parties en lumière ; il s'ensuit que si le roc des montagnes est rougeâtre, ses parties lumineuses sont fauves, et plus il sera éclairé plus il conservera sa couleur naturelle [9]. »

De toute évidence, en raison de sa mobilité, l'être humain maîtrise rarement avec efficacité ces deux tendances qu'il ne cesse de cautionner. C'est ainsi qu'il est possible de faire allusion d'une façon simpliste à la bonne ou à la mauvaise humeur de quelqu'un. La sagesse consisterait à se tenir avec lucidité entre deux penchants, à s'observer afin de ne pas devenir la proie d'un découragement momentané ou d'une euphorie dépassant une juste mesure. Grâce à la connaissance de soi, l'individu discerne ses points forts et aussi ses faiblesses. Capable de composer avec eux, il se dirige dans l'existence à la façon d'un pilote ou encore d'un cavalier tenant avec dextérité les rênes de sa monture.

Dans ses *Homélies sur Jérémie,* Origène fait allusion aux *montagnes ténébreuses* (Jr 13,16) et aux montagnes lumineuses. Les premières s'élèvent contre la connaissance de Dieu, elles désignent les puissances adverses représentant les ténèbres [10]. « Comme montagnes lumineuses il y a les saints anges de Dieu, les prophètes, Moïse le *" serviteur "*, les apôtres de Jésus-Christ : toutes ces montagnes sont lumineuses et c'est d'elles, je pense, qu'il est dit dans les Psaumes : *" Ses fondations sont sur les montagnes saintes "* (Ps 87,1) [11]. »

Ainsi, ténèbres et lumières des montagnes extérieures s'appliquent symboliquement à des personnages représentant l'ombre et la clarté.

Quel est, pour certains types de tempérament, l'incident susceptible de provoquer en soi une tempête, un orage, une avalanche ? L'événement peut provenir du dedans ; le plus souvent, il surgit de chocs survenant du dehors. A ce propos, Jacques Lacan a posé le problème avec des mots parfaitement justes. En dépit de sa grossièreté, le terme employé ne saurait être remplacé par un autre plus anodin. Il dira : « J'ai averti que la psychanalyse est un remède contre l'ignorance. Elle est sans effet sur la connerie. » (Séminaire XII). La psychanalyse est moins une technique qu'une science concernant l'inconscient. De ce fait, elle est privée de toute emprise sur un état d'abêtissement. Éduqué, un animal peut évoluer. L'abêtissement humain, pour ne pas répéter le vocabulaire dont fit usage Lacan, correspond à un blocage quasi définitif. Brève, la rencontre avec une personne analphabète est parfaitement supportable. Situé à un niveau banal, un certain dialogue peut s'instaurer sans susciter la moindre irritation. S'agit-il d'un personnage qui se prend au sérieux, gonflé par la suffisance intempestive d'une ignorance crasse, il apparaît normal de brusquement éprouver le surgissement non seulement de son ombre mais de sa noirceur. D'où la fureur incontrôlée de Lacan à l'égard d'une patiente qu'il va, tel un malotru, « tirer par les cheveux ».

L'anecdote suivante, racontée par quelques témoins, sera nécessairement relatée avec discrétion. Un gourou reçoit des disciples et ceux-ci le questionnent. Des interrogations stupides se succèdent. Conservant sa face ensoleillée, le maître répond avec une inlassable patience. Brusquement, son versant d'ombre surgit, il en observe la montée tout en sachant qu'il gaspille ses énergies devant un parterre d'idiots. Avec douceur, il conseille à ses auditeurs de prendre quelques heures de repos et d'aller se promener. L'un des assistants résiste, il veut poursuivre le dialogue ébauché. Le « sage » s'esquive. En se déplaçant, il pousse une sorte de grognement. Un ami s'inquiète. Il le rassure : « Cela n'est rien. Rien d'autre que le vent d'un orage secouant ma baraque. » Avec humour, il se maintenait capable de dominer la situation, sans pour autant tenter de la renier. Il ajoute d'une voix quasi imperceptible : « Comme j'aurais envie de lui casser la gueule ! »

Ces récits permettent de comprendre le rôle des incidents provenant de l'extérieur. Devenir indifférent au contexte dans lequel l'existence se déroule résulte d'une performance. Quant à la montagne, elle subit les effets conjugués des pluies, des orages, des tempêtes. Il en est ainsi pour l'homme, même pour celui qui s'oriente vers la montée d'une cime intériorisée. D'où la prudence à l'égard de ce qui risque d'attirer l'émergence de son ombre. Devenir insensible à la sottise n'est pas le lot de tous. On peut se demander parfois si l'indifférence ne renferme pas un certain contentement de soi-même. Dans cet ordre d'évaluation, le discernement exige une extrême subtilité. Ce double penchant – correspondant aux deux versants de la montagne – demeure perpétuellement disponible. C'est à chacun d'en faire usage avec sagacité. Dans certains cas, l'irritation provient d'une sainte colère, celle par exemple éprouvée par le Christ à l'égard des vendeurs du Temple (Mt 21,12 ; Jn 2,14 sv.). Un homme justement orienté n'a pas à supporter qu'on vilipende devant lui non seulement des individus respectables, du passé ou du présent, mais aussi des idées. Cracher sur ce qu'on est incapable de comprendre procède d'un comportement primaire et répond à une nécessité de continuelle défécation. Le propre des ignorants est de pouvoir manifester des assurances dont se garderait un individu plus évolué. Toutefois, pour l'homme des montées, la lumière transfigure l'ombre. La manifestation de la colère se tient dans les franges. Le cœur illuminé ne subit pas les fluctuations nées des événements et comportements extérieurs. Ceux-ci ne sont pas retenus. Ils passent avec légèreté et s'estompent rapidement sans laisser de traces.

L'ombre et la lumière peuvent se situer à d'autres niveaux, c'est-à-dire à des plans plus subtils. Impossible d'en deviner préalablement l'apparition. Surgissement soudain suivi d'un effacement. Une clarté met fin à la précédente obscurité. Du fait de sa brièveté, cet instant lumineux n'est pas longtemps retenu. Le souvenir d'une fulgurance est quasi immédiatement dilué. Pas d'enregistrement. Le sujet peut se demander s'il n'a pas été la proie d'une illusion lorsqu'il tente de se remémorer cette alternance. Ce va-et-vient entre la nuit et la clarté, avec un immédiat retour à l'obscurité, risque de provoquer une grande détresse. Lorsque celle-ci est dépassée, une indifférence s'établit dans la conscience. Cette mobilité ne retient pas nécessairement l'attention. Seule l'intensité fait exception. En arrachant au quotidien, ces clartés balisent le voyage.

Lors de l'escalade de la montagne – extérieure ou intérieure –, ces divers mouvements ne jouent pas. L'individu se trouve totalement absorbé par l'accomplissement d'une montée qui lui ôte la possibilité de toute pensée. Le voici entièrement monopolisé par l'instant.

La réconciliation de l'ubac et de l'adret devient si totale

qu'aucune des faces ne conserve ses propres caractéristiques. Pour la montagne, ces deux aspects demeurent irréversibles. D'où la nécessité d'en tenir compte lors d'une escalade. Présentes dans l'homme voué à l'ascension de la montagne intériorisée, ces deux faces fusionnent. En s'unissant, elles annihilent leurs différences.

La montagne épouse du soleil

Le visage de la montagne s'éclaire quand le soleil rencontre dès l'aurore un de ses flancs. L'astre apparaît au-dessus du sommet. Il est d'une telle brillance qu'il serait impossible – pour un regard humain – de le fixer. Recevant sa clarté, la montagne se colore. Elle sort de la nuit avec magnificence. Lorsque le soleil se trouve à la verticale, son étreinte fait resplendir la neige et la glace. Ainsi la montagne se transforme en mer lumineuse, tout en conservant sa froidure sous la clarté solaire.

Selon leur démesure, soleil et montagnes doivent échanger dans le silence un dialogue. Aucun mot. Une présence, un don. Ensuite – une réception. Modèle de générosité, le soleil ne saurait privilégier. La terre reçoit sa chaleur en fonction de ce qu'elle réclame. Pas d'élection anticipée, ni de choix.

Au printemps, la fonte des neiges se produit, des torrents se forment et bondissent de joie. Ils chantent sur leur parcours. Les eaux s'engouffrent dans les lits des couloirs rocheux et dévalent à toute allure. Époque d'enfantement, de répétition d'une incomparable vitalité. Dans les alpages, les arbres bourgeonnent et les feuilles poussent avec leur tendre verdure. La renaissance de chaque printemps inaugure, grâce au soleil, les mutations du rythme créateur. Ce qui auparavant couvait prend vie. La grossesse a duré des mois. Et la montagne accouche de sa progéniture de fleurs et d'eau.

Ensoleillé, le printemps réjouit l'homme. Toutefois, celui-ci conserve le poids de ses années. Son rajeunissement concerne uniquement son intériorité. Mais le plus souvent il ignore cette réalité énoncée par l'apôtre Paul : « Alors même que notre homme extérieur dépérit, notre homme intérieur se renouvelle de jour en jour. » (2 Co 4,16). La montagne extérieure vit au rythme des saisons. La montagne intérieure s'inscrit dans un perpétuel printemps. Il est difficile d'éprouver cette transformation lorsque le corps se trouve dans un hiver accablant.

Dans *Le Cantique des Cantiques,* l'époux célèbre la beauté de l'épouse : « Quelle est celle qui apparaît comme l'aurore, belle comme la lune, pure comme le soleil ? » (6,10). Pourquoi attribuer la pureté au soleil ? En raison de son absence de jugement. Éclairant les bons et les méchants d'une façon identique, il ne nourrit en lui aucune dualité. Le cœur pur correspond à un cœur dégagé des contraires, devenu soleil.

Au sommet des montées, les contraires disparaissent. Seule l'unité subsiste. Puis elle se dissipera. Le vide ne peut rien retenir. Ayant ressenti tout d'abord un excès de présence, puis une absence, le sujet n'éprouve plus qu'un effacement. Celui-ci peut donner lieu à un doute passager. Nul souvenir d'une montée accompagnée d'épreuves ne flotte dans la mémoire. Avoir conscience de se tenir dans un lieu élevé prouverait l'inanité d'une telle entreprise. Le fait de se prendre au sérieux n'accompagne que les débutants qui se vautrent dans l'ignorance. En raison de son gonflement, la baudruche est obligée de cheminer en terrain plat.

Aucun langage n'est capable de rendre compte d'une telle expérience. Le vide ne saurait être explicité. Il ne pourrait s'exprimer que par un bégaiement ; ou encore par l'évocation d'un symbole, le récit d'une histoire que chacun interprète suivant son degré de connaissance.

En l'absence du soleil, la montagne devient veuve. Mais elle n'est pas abandonnée. Elle reçoit à certains moments les visites de la lune. Clarté mystérieuse, parfois blafarde, favorisant, dans les vieilles légendes, les apparitions des gnomes, des nains et d'autres créatures étranges.

L'arc-en-ciel

L'arc-en-ciel est souvent envisagé sous la forme d'un anneau signifiant une alliance entre le bas et le haut. Ces deux extrémités prennent le nom de Terre et de Ciel. D'où la comparaison avec un pont reliant deux rives nettement distinctes. C.G. Jung parlera à ce propos de « pont chimérique ». Au Japon, les écrivains font allusion au « pont flottant du ciel ». Par rapport aux dieux, l'arc-en-ciel, en Inde, est un attribut d'Indra représentant l'énergie du cosmos. En Grèce, l'arc-en-ciel relève d'Iris, messagère des Olympiens, divinité consacrée au service d'Héra. « La voie aérienne » est utilisée par les dieux pour descendre vers les hommes. Et ceux-ci l'empruntent pour rencontrer leurs dieux [12]. Symbole solaire, se rattachant à la lumière, l'arc-en- ciel, par sa demi-coupe, évoque aussi la lune [13].

Quant aux sept couleurs de l'arc-en-ciel, elles désignent les sept cieux qu'il importe de traverser lors de la descente des dieux ou de la montée vers eux. Un tel chemin unissant le bas et le haut offre un signe d'apaisement. En partant de la nature elle-même, de la pluie féconde pour la terre, il inaugure un changement. Le plus souvent son interprétation positive annonce une paix réconciliatrice. Un texte de la Genèse (9,12-17) présente le sens d'une rencontre : « Voici le signe de l'alliance que je mets entre moi et vous, et tous les êtres vivants qui sont avec vous, pour les générations à venir ; je mets mon arc dans la nuée et il deviendra un signe d'alliance entre moi et la terre. » Toutefois, ce symbole ascensionnel présentera un sens négatif dans certaines traditions. D'une façon générale, l'arc-en-ciel unit le féminin au masculin, les eaux inférieures aux supérieures [14]. La vision de l'arc-en-ciel procure une joie. Signe de paix dans la nature, il annonce un renouveau.

Certains événements extérieurs et intérieurs peuvent être interprétés, dans l'existence humaine, grâce au sens symbolique de l'arc-en-ciel. Après des moments d'angoisse, d'agonie, d'autres signes surgissent. Les séries d'épreuves s'étalant au-dehors et au-dedans sont soudain suspendues. Le sujet qui les a éprouvées prend conscience d'une mutation. Le malheur s'éloigne. Résurrection – comprenant un arrachement au passé et une naissance – débouchant sur une sérénité, une détente, une totale transfiguration.

Appliqué à la montagne, le symbole de l'arc-en-ciel prend toute sa signification. Elle aussi sert de pont entre le bas et le haut, la Terre et le Ciel. Quant à la montagne intériorisée, son ascension s'élabore en partant du sensible, de l'élément féminin vers le masculin, le « fils de la femme » devenant « fils de l'homme » au cours de sa montée progressive. Le féminin ne désigne pas précisément la femme mais le sensible. Toute considération d'ordre sexuel serait erronée. Le féminin et le masculin correspondent à des étapes qu'il importe de dépasser en vue de l'unification supérieure [15].

Les amis de la montagne

La montagne fait partie des *magnalia Dei,* des prodiges du Dieu créateur conférant à la nature une dimension sacrale. Cette nature conserve les couleurs et les parfums d'un ancien paradis perdu. Rêve d'un âge d'or dont le souvenir exerce encore un pouvoir fascinateur. A ceux qui considèrent la montagne comme une masse de terre qu'il convient de franchir et de dominer, celle-ci dissimule sa beauté et ses trésors secrets. Le tintement de ses sources, les sons de ses cascades, le doux repos de ses lacs, la nature les réserve à ses amis capables de la contempler avec les yeux du cœur et de l'écouter grâce à l'ouïe du dedans. Quant aux fables, légendes, récits mythiques concernant la montagne, ils font partie de son histoire, d'un présent susceptible d'englober une existence dont la révélation peut revêtir une ampleur démesurée.

Les chantres de la montagne proviennent d'horizons divers : Occident et Orient se rejoignent. Les montagnards ont l'expérience de l'escalade avec les dangers qu'elle comporte. Fascinés par la splendeur qu'ils découvrent, ils vont pouvoir témoigner par le dire et l'écriture. Sur un autre clavier, les poètes s'expriment. Ainsi les Chinois, d'avant notre ère, ont su tout particulièrement retenir en quelques lignes l'étrangeté et la magnificence des sommets. Quant aux amis des mystères, ils aiment habiter sur ses flancs, savourer leur solitude en se tenant à l'écoute des révélations reçues au-dehors et aussi au-dedans. Survient l'instant où l'extérieur et l'intérieur refusent de se disjoindre et s'unissent.

Rien d'exhaustif dans ce propos. Des noms de contemporains ou appartenant à un lointain passé devraient être retenus. D'autres personnages s'imposent grâce à leurs écrits. Dans certains cas, ils ont pu devenir le sujet de biographies qui leur sont consacrées. C'est à chaque lecteur de célébrer la mémoire des montagnards, poètes, mystiques qu'ils ont pu connaître ou découvrir avec enchantement. Évoquer leur souvenir est une façon de manifester sa reconnaissance. Peu importe leur époque. Celle-ci est privée d'importance. L'essentiel consiste dans la valeur de leurs chants.

Au cours de leur existence, quelques hommes capables d'enchantement ont célébré leur amour pour les montagnes. Et cela avec une bouleversante tendresse. La qualité de leur vision relève de la densité des regards, de leur ferveur susceptible de décupler leur capacité de beauté. En réalité, l'altitude, la neige, la glace, la nudité des rochers, la brume et les nuages les séduisent. Ils savent percevoir la voix des cimes et déchiffrer leurs messages.

L'ami de la montagne n'est pas nécessairement celui qui en fait l'escalade et acquiert de ce fait une notoriété. L'ami de la montagne apparaît comparable à un amant, il chante la beauté de son aimée, la découvrant avec un *« Œil émerveillé »,* il contemple non pas une *« Terra incognita »,* mais « une *Pulchritudo incognita* [16] ».

Au début d'un de ses ouvrages consacrés à la montagne, Samivel fait un aveu : il va aborder « un grand sujet, peut-être le Sujet des sujets [...] les rapports de l'Homme et de la Hauteur [17] ». Dans son étude, il évoque la « mythologie alpestre » liée au sacré. L'espace aérien plonge dans la voûte céleste. Il comporte des « vents, nuages, pluies, neiges, tempêtes, orage et foudre [18] » qui sont autant d'événements merveilleux ou terrifiants. La fonction des cimes consiste, telles des colonnes ou encore des piliers, à porter « le ciel ». Sortes de « clous », fixant et consolidant la terre [19].

Tel un peintre, Samivel décrit l'éventail des couleurs. Celles de la pierre des rochers, de leurs clartés différentes sous la lumière de la lune et du soleil. La coloration des brumes, des nuages ne cesse de varier, non seulement à l'aube et au crépuscule, mais les flancs des montagnes modifient constamment les expressions des visages. « A quel degré de beauté fantastique peuvent atteindre les apparences quand la neige, les rocs, le ciel, le vide et les brumes s'unissent pour combiner leurs effets [20]. »

Samivel évoque aussi les montagnes chinoises et japonaises admirées par des artistes durant plus de mille années. Le rapport « entre la Nature et l'homme [...] est pour eux le réceptacle de sérénité et de sagesse où toute énigme trouve réponse, et toute angoisse apaisement [21] ». Samivel cite le cas du peintre Fan K'ouan qui se retira dans la montagne. « Là il observa les formes changeantes des nuages et du brouillard, les effets difficilement saisissables du vent et de la lune, de la lumière et de l'ombre, jusqu'à ce que son âme fût remplie d'enthousiasme [22]. » Ensuite, il prit son pinceau afin de pouvoir célébrer la beauté. Ainsi se trouvent unifiés le dehors et le dedans. Les Orientaux, principalement les Chinois et les Japonais, lancent de multiples ponts entre l'extérieur et l'intérieur. Dans ses différents ouvrages, l'Occidental Samivel n'a jamais isolé deux dimensions qui se complètent l'une et l'autre.

Évoquant « le solennel réveil des pierres » et « son paroxysme de présence [23] », il serait possible de parler de « révélations ». Celles présentées par « la très vieille terre, notre terre, notre terre qui est au ciel, efface ses rides, arbore un tendre sourire [24] ». Ce sourire, Samivel le connaît, il flotte

« depuis plus de trente siècles [...] à Karnak sur les lèvres d'un dieu de granit, d'un dieu caché [25] ». C'est ainsi que Samivel a toujours pu unir les « hommes, cimes et dieux ».

Roger Frison-Roche, d'origine parisienne, a entendu très tôt l'appel de la montagne. Répondant à cette invitation, il lui a consacré toutes ses énergies. A l'alpinisme, il a pu joindre une carrière de journaliste et de romancier. Concernant la montagne, ses ouvrages prolongent l'intérêt de ses expéditions. Ils deviennent en quelque sorte l'écho de ses escalades et relatent les dangers rencontrés lors des tempêtes, de la nuit, et des ascensions abruptes [26].

Maurice Herzog [27] remporta avec son équipe l'expédition d'Annapurna, un des hauts sommets tibétains. Atteindre huit mille mètres a été et est encore une merveilleuse performance. L'exploit se mêle à la quête de l'absolu.

De 1944 à 1951, Heinrich Harrer a pu vivre au milieu des Tibétains et particulièrement à Lhassa, considérée comme « ville interdite ». En 1982, il revint au Tibet. Dans un de ses ouvrages consacré aux Himalayas, le montagnard et aussi écrivain décrit ses escalades effectuées avec un compagnon. La beauté des montagnes de glace, des lacs d'un « bleu profond » séduisit les explorateurs.

Pierre Béghin, ingénieur de l'École des mines de Saint-Étienne, sera qualifié par Philippe Cézard de « navigateur des hautes cimes [28] ». De son amour pour la montagne, il dira : « Cela fait vingt-cinq ans que je ne cesse de parcourir et d'aimer la montagne, de parois en parois, de crêtes en crêtes, vers des pays toujours plus lointains, à la poursuite de mes rêves [29]. » Le 11 octobre 1992, il fera une chute de onze cents mètres...

Les amis de la montagne affrontent en effet de nombreux risques : crevasses, abîmes, glissades, avalanches, blocs de pierre qui se détachent. Dans le froid glacial, les mains, les pieds peuvent geler. La brume dissimule les périls. Les nuages mobiles jouent à envelopper les parois et à les abandonner. L'obscurcissement du crépuscule envahit soudain les flancs de la montagne, rendant ainsi la marche impossible. Suspendre son pas, s'endormir sur place équivalent à se condamner à mort. Trouver un refuge, un asile permettant de passer la nuit en attente de l'aube, peut devenir une hantise.

L'escalade offre souvent de nombreux rapports avec l'existence. Joie, découvertes, passages de l'ignorance à la connaissance. Initiation s'opérant au-dedans. Tentations de démesure... ou encore abandon d'un compagnon, épreuves... moments cruciaux où la souffrance submerge, angoisse de la nuit, fantasmes, cheminements à tâtons. Parfois, la mort semble rôder et formuler des invitations de plus en plus pressantes. Résister, puiser au-dedans de nouvelles énergies. Rencontrer le gel glacial de l'indifférence... Rêver d'un refuge provisoire... qu'on ne trouvera jamais. Seule la découverte du fond coïncidera avec l'entrée dans le ciel intérieur.

Harrer évoque le sherpa Tenzing Norgay, vainqueur de l'Everest (8 500 mètres) avec le Néo-Zélandais Edmund Hilary. Autrefois, les pionniers « montaient sans corde, sans crampons, sans oxygène [30] ». Initialement, les meilleurs grimpeurs furent d'origine tibétaine et chinoise. Parmi eux, une femme nommée Phantog [31]. Américains et Européens firent l'ascension du « Toit du Monde ». De nombreux Tibétains s'inquiétaient de voir les sommets violés ; ils craignaient la colère des dieux.

L'auteur termine son livre *Retour au Tibet* en racontant cette anecdote : à Lhassa, l'invasion des troupes chinoises fut précédée par un grave tremblement de terre ; les Tibétains l'interprétèrent comme un funeste présage. Et l'auteur de conclure : « C'est à des mains humaines qu'il est revenu d'anéantir 99 % des édifices sacrés du Tibet. Mais les sommets couverts de glace qui cernent le pays sont restés intacts. Aucun système politique ne pourra détruire le *trône des dieux* [32]. »

Des femmes, douées d'un magnifique courage, ont fait en cordées ou en solitaires l'ascension de sommets difficiles à atteindre. Il convient de leur rendre un hommage particulier.

Mentionner des performances exige aussi de parler des guides de haute montagne dont l'admirable vocation suscite l'émerveillement et la gratitude.

A l'égard du Tibet, les moyens de transport effacent actuellement les distances et facilitent les voyages. L'avion se pose à Lhassa. Cette ville étrange invite à célébrer l'intrépide Alexandra David-Neel dont les performances, l'œuvre et la quête mystique enchantent de très nombreux lecteurs. Son nom se trouve définitivement associé au Tibet et au bouddhisme des hauteurs.

Première partie

DE L'HORIZONTALITÉ A LA VERTICALITÉ

Initiation à la montagne – Maïeutique ascensionnelle – De l'horizontalité à la verticalité – L'échelle – La tour – La colonne – Le temps vertical – L'homme-montagne – Le langage intérieur de l'homme des montées – Orient-Occident – La montagne et le temps.

Va de ton homme extérieur dans l'intérieur.

Jakob BÖHME.

J'étendis mes mains,
pour l'ascension de mon âme.

Les Odes de Salomon.

Initiation à la montagne

Employée par Grégoire de Nysse, l'expression « initiation à la montagne » concerne Moïse. Celui-ci se prépare à monter sur le Sinaï. Quant au peuple, il est invité à « se purifier de toute souillure » avant de s'approcher de la montagne pour être initié. L'entrée dans le sanctuaire des secrets divins suppose une formation [1]. Aucun accès n'est possible sans une préalable ascèse. « La Montagne de la connaissance mystique » – dira Grégoire de Nysse dans son *Commentaire sur le Cantique des Cantiques* [2] – ne convient pas à tous.

Sur le mont Sinaï, Moïse pénètre dans la ténèbre « de la contemplation des mystères ». Dans cette ténèbre, il reçoit la « vision des invisibles ». Pour expliciter cette antinomie, Jean Daniélou écrit : « ... affirmation d'une vision d'abord, et en même temps d'une non-vision de l'intelligence dont l'opposition définit la " supervision " qui caractérise le plan mystique [3] ».

Pour Grégoire de Nysse, toute connaissance conceptuelle est dépassée par la connaissance mystique. Cette dernière provient d'une expérience concernant la présence divine dans l'âme. Le cœur pur devient miroir, lieu de reflets. Le cœur n'est pas seulement capable d'une réception en raison de sa capacité, il peut distinguer l'esprit de la lettre et saisir l'essentiel.

Selon ce même auteur, l'interprétation de l'Écriture sainte est une « science des mystères » ; elle exige une intelligence spirituelle. D'où la nécessité de revenir à un texte de saint Paul s'appliquant à « parler de la sagesse en mystère » (I Co 2,7). Le cosmos est figuré par le Temple et le Temple intériorisé se trouve dans l'homme.

Or l'initiation doit tenir compte des époques. La réalité conserve un visage identique. Toutefois, les moyens d'accès se modifient au cours de l'histoire. Autrefois, il était souvent fait allusion à une « pédagogie divine ». A ce propos, Milosz [4] cite l'expression *œconomia divina* dont la chrétienté a fait usage durant de nombreux siècles. Dans la vision de l'Ancien Testament, il se présente une pédagogie et une économie divines : avertissements, punitions, récompenses ne cessent d'intervenir. Dieu semble éduquer l'humanité afin de la transformer, de l'initier à une connaissance qu'elle est encore incapable de recevoir. Toute l'histoire d'Israël est méditée dans cette perspective.

« Dieu a décidé de se retirer, de devenir un *Deus absconditus* », écrira Milosz. Il conviendrait plutôt de dire que la révélation du Dieu d'Israël dans l'histoire correspond à une étape. Il en est de même, bien que d'une façon différente, pour le Nouveau Testament. Dieu ne se retire pas du monde. Il a toujours été un *Dieu caché*. Mais les hommes aiment bavarder sur Dieu. Le Dieu dont ils parlent est une création humaine, une minable caricature qu'ils modèlent de leurs mains débiles en réponse à une perspective primaire voire enfantine. Heidegger [5] a mentionné la rupture entre l'homme moderne et Dieu. En réalité, cet éloignement de l'homme à l'égard de Dieu n'a jamais cessé d'exister, toutefois avec des différences ; le dieu-idole n'étant qu'un faux visage. La tragédie consiste dans l'ignorance de *l'homme épais* appartenant à la conscience commune. Celui-ci se trouve incapable de pénétrer dans son fond et de comprendre que « le royaume est au-dedans ». L'homme moderne peut croire avec Nietzsche que Dieu est mort ou que « Dieu s'est retiré du monde ». Il n'en est rien. C'est l'homme qui s'éloigne de plus en plus du vrai Dieu ou tout au moins cesse de s'orienter vers lui. Séduit par l'argent et le pouvoir, distrait de l'essentiel, il ne saurait recevoir une véritable initiation intériorisée. D'où le flot des pseudo-initiateurs qui s'étendent non seulement à l'Europe mais à l'Asie. Ceux-ci drainent de très nombreux adeptes.

Ce qui apparaît nouveau, dans le sens initiatique, consiste dans la rupture entre l'homme et la nature. Celle-ci s'est manifestée d'une façon progressive. Les peuples de l'Antiquité vivaient au sein de la nature. Ils pouvaient se montrer fraternels et aussi agressifs. L'époque médiévale a vécu d'une façon amicale avec l'univers. Les hommes du Moyen Âge s'intégraient dans la création pour célébrer la gloire de Dieu.

Après avoir collaboré avec la nature, les individus ont voulu la mettre à leur service, c'est-à-dire la réduire à l'état d'esclave. La nature apparaît relativisée au rôle d'objet. Il en est ainsi pour la montagne dans les pays industrialisés [6]. La rentabilité l'emporte sur la beauté des sites. Tout est organisé en vue d'une source de profits. De ce fait, il se présente un manque de respect et d'amour à l'égard de l'*anima mundi*. Cette âme du monde est vivante. L'oublier – ou n'en tenir aucun compte – prouve une carence de lucidité et d'amour envers la dimension humaine contenant, au niveau symbolique, toute la création.

Maïeutique ascensionnelle

Ce terme de maïeutique est à employer dans le sens de Socrate. Il serait possible de le remplacer par le mot « dialectique ». Dans *Le Banquet*, Platon retient un tel mouvement. Par la beauté, l'esprit s'achemine vers l'invisible. Le déplacement spatial s'accomplit grâce à des « dépassements » successifs. Dans son *Traité de la virginité*, composé en 371, Grégoire de Nysse insiste sur ce thème. Introduisant le texte, Michel Aubineau fait allusion à une marche, décrite par Grégoire, signifiant une montée. « Les yeux et les désirs devancent les étapes », le regard se porte sur les réalités d'en haut ; « l'âme se sert de la beauté sensible comme d'un marchepied [...] vers la beauté intelligible [7] ».

S'inspirant des propos de Platon sur le « vol de l'âme », Grégoire de Nysse montre comment « le mode de vie sublime exige l'usage de l'" aile céleste ", permettant de s'envoler et de " planer dans les hauteurs " [8] ».

Grégoire utilise aussi des images bibliques, celles de l'Esprit-Saint et de la colombe. La virginité facilite l'entrée dans un nouvel espace. Ici la virginité n'est pas à interpréter dans un sens physique. Concernant le domaine de l'âme, elle donne accès à l'unité, fruit d'une non-dispersion du cœur et de l'intelligence. Les sens extérieurs projettent dans l'éparpillement. L'au-delà des passions permet de parvenir à un état nouveau. Retenant les diverses directions impliquées dans le *pneuma,* Grégoire considère l'intelligence dans sa montée vers Dieu : « Si nous montons en délaissant les ténèbres terrestres [...] nous deviendrons lumineux en approchant de la lumière véritable du Christ [9]. » La montée communique avec un lieu éthéré, ce Paradis dans lequel fut ravi l'apôtre Paul (2 Co 12,4). Platonicien, reprenant les symboles maintes fois explicités, il sait en tirer profit. Son commentateur Michel Aubineau s'interroge : « Quel platonisme ? Celui de Plotin, d'Origène, de Philon [...] ou de Platon [10] ? » A la question posée, la réponse est précise : elle favorise Platon.

Concernant cette maïeutique ascensionnelle, toute la pensée de Grégoire s'organise autour de la distinction entre deux mondes – établie par Platon – dans *La République* (livre VI, 508 c ; VII, 514 a). Matériel, le monde corporel offre des apparences. De ce fait, il comporte de multiples erreurs, dresse des pièges. Immatériel, l'autre monde appartient à la réalité. D'où sa densité et son authenticité. La montée fait passer de l'un à l'autre monde, de la matérialité de l'irréel à l'immatérialité du réel. S'inspirant de Platon, Grégoire décrit l'homme à l'esprit épais regardant vers le bas, à la façon des animaux penchés sur leur fourrage. A l'inverse, l'homme vertueux oriente ses yeux dans une direction verticale. « C'est chose légère que la vertu – selon Grégoire – et qui porte en haut. » D'après Isaïe (60,8), ceux qui vivent vertueusement « volent comme des nuages, et comme des colombes avec leurs petits [11] ».

Dans son *Commentaire sur le Cantique des Cantiques,* Origène oppose la « pesanteur » de ceux qui s'adonnent aux passions à la « légèreté » des saints. L'âme vierge, grâce à l'Esprit-Saint, est capable d'engendrer « la volonté du Père ». Elle devient « mère du Christ [12] ». Ce propos commente un texte de Matthieu (12,50) et de Marc (3,35) : « Quiconque fait la volonté de mon Père [...] est mon frère, ma sœur, ma mère. » De nombreux écrivains chrétiens utiliseront ce thème dont l'origine remonte à l'Ancien Testament.

La dialectique ascensionnelle n'aboutit pas à un retrait de l'existence. Au contraire, l'intégration devient de plus en plus profonde. Le Livre de l'Ecclésiastique (4, 11-12) offre ce témoignage :

La Sagesse exalte ses enfants,
Et prend soin de ceux qui la cherchent.
Celui qui l'aime aime la vie,
Et ceux qui la cherchent avec empressement sont remplis de joie.

Quant aux hommes qui ne s'éprouvent pas attirés vers une telle ascension, qu'ils se rassurent, l'Ecclésiastique (3,21) s'adresse à eux pour les réconforter :

Ne cherche pas ce qui est trop difficile pour toi,
Et ne scrute pas ce qui dépasse tes forces
....
Car tu n'as que faire des choses cachées.

Les sujets concernés par la maïeutique ascensionnelle participent à une vie nouvelle, source de béatitude dans la lumière ou encore dans l'obscurité de la nuit.

Grâce à cette dialectique ascensionnelle, l'homme des montées s'approche du seuil des mystères. Parfois, il pénètre au-dedans d'une façon fugitive, et les voiles se déchirent ; il comprend le secret de l'ascension de la haute montagne intérieure. Il n'y a pas de voie unique car tout devient chemin.

Comparable à un désert, la nudité de la haute montagne se transfigure :

> *Il a fait de son désert un Éden*
> *Et de sa solitude le jardin de l'Éternel.*
> *On y trouvera la joie et l'allégresse.*
> (Is 51,3)

De l'horizontalité à la verticalité

Toute tentative d'ascension exige de quitter la plaine. « Ne t'arrête pas dans la plaine », conseille un texte de l'Écriture (Gn 19,17). Toutefois, il est impossible de ne pas y séjourner préalablement d'une façon plus ou moins durable. La plaine symbolise le sensible, la conscience commune. Convenant à la majorité, elle comporte des divertissements d'une grande banalité. Certains d'entre eux peuvent sembler pervers. Tout en se tenant dans un état d'ignorance, le sujet s'éprouve plus ou moins heureux. Ses sens extérieurs se développent.

Ainsi, l'habitant de la plaine justifie ses choix affectifs, sans percevoir les souffrances qu'ils peuvent provoquer. Attitude parfaitement normale, tant que l'individu s'aime lui-même. Agir autrement entraînerait une infirmité. Demander à autrui de s'automutiler serait absurde et inhumain. De nombreuses personnes plus ou moins isolées, incapables de conquérir un compagnon ou une compagne, vont tenter de s'agréger à un groupe. L'habitant de la plaine éprouve la nécessité de se rendre utile, voire indispensable. Une semblable attitude concerne surtout certaines femmes. Preuve de générosité, ce besoin de dévouement est louable tout en camouflant une fissure. Un manque de lucidité, qu'on ne saurait blâmer, entretient un amour. Celui-ci risque de fonctionner d'une façon possessive. Un chef de groupe va ainsi trouver une ou plusieurs aides bénévoles et désintéressées. Elles se contenteront d'un sourire ou d'un regard comme récompense. Assumant un rôle d'assistante, sans en avoir le titre, elles retiendront l'attention des membres du groupe. Ceux-ci feront nécessairement appel à cette intermédiaire, d'où son importance. L'avantage de ces communautés ne consiste pas seulement à briser un isolement intolérable. Tout groupement sérieux semble comporter une initiation assurée par un gourou ou un pseudo-gourou. La personnalité de l'homme élu gère le feu du foyer et soutient l'amour dévoué de ses nouvelles vestales. Contrairement à leurs devancières, elles n'ont pas heureusement à être vierges et ne sont en aucune façon obligées de vivre chastement.

La plaine et la vallée correspondent au corps et à l'âme, dont le lieu coïncide avec l'horizontalité. Un tel espace se traverse. Cependant on peut y vivre et y mourir. Quant à la verticale, elle annonce l'approche de la profondeur, de la proximité du *pneuma,* c'est-à-dire de l'esprit.

La dimension verticale relève le plus souvent de l'inconnu. Rarement aimée, elle n'appartient pas à la majorité. Il serait possible de dire que c'est le petit nombre du petit nombre qui tentera la montée verticale. Est-ce que cette verticalité résulte d'un choix ? Il semble que non. A une telle invitation, le « oui » est la seule réponse. Un « oui » formulé dans le secret. Un « oui » qui va se murmurer tout seul, auquel l'habitant de la plaine ou de la vallée donne son consentement intérieur. Encore une fois, la fine pointe de l'âme éclot : l'esprit s'anime.

Nombreuses sont les illusions. Elles tournent en rond. Plus dangereuses que lors des étapes précédentes, il est difficile d'en saisir l'impact. Issues du monde sensible, les passions répondent le plus souvent à un légitime besoin d'aimer. Elles se montrent moins dévastatrices que le désir de tenir un rôle en gonflant une volonté d'autorité. Ce sont là des hochets comparables au mensonge, à l'illusion risquant d'entourer le choix de la verticalité.

Plus secrète que la plaine, se trouve la vallée. Elle est fréquemment évoquée dans la Bible. Correspondant à un pays de sources jaillissantes (Dt 8,7), sa fertilité est amplement reconnue (Is 28,1). Son originalité consiste à être un lieu dans lequel l'Éternel fait entendre sa voix : « Va dans la vallée et là je te parlerai » (Ez 3,22). Selon le prophète Michée (1,4), « les vallées s'entrouvrent sous l'Éternel ». Ainsi, la vallée désigne une étape dépassant la plaine.

D'une façon imprévue, tout peut soudain se modifier. Peu à peu les sens du dedans frémissent ; un entendement nouveau surprend lors d'une lecture, d'une méditation, d'un silence profond. Un écho résonne et se prolonge plus ou moins durablement ; la beauté de la nature séduit, un amour fuse. Son origine n'est pas d'ordre personnel. Mystérieuse, telle la brise dans laquelle l'Éternel se tient, l'invisible se manifeste. Sorte de brève rupture, traversée de fleuve. Passage d'une rive à l'autre comportant, le plus souvent, un retour quasi immédiat vers le point de départ.

Désormais, quelque chose de nouveau flotte dans l'intelligence émanant d'un cœur soudainement éclairé. Lumière brève, balbutiante à la façon d'un langage ébauché, lorsque les rudiments d'une langue sont à peine connus. Scintillement incluant un va-et-vient. Les partenaires extérieurs disparaissent. Nulle nécessité d'un feu susceptible de consumer et de consommer. La tiédeur d'un groupe deviendrait pesante et privée de toute signification.

Par compassion, l'invisible procède par étapes, sinon le récepteur basculerait dans la folie. L'apôtre Paul mentionne l'usage du lait (cf. 1 Co 3,2). Le nourrisson ne saurait digérer autre chose. L'utilisation des aliments solides vient ensuite.

L'homme qui va bientôt quitter la vallée commence à naître. Peu à peu, il subit un irrésistible attrait à l'égard des Mystères. Impossible de nommer, de préciser des contours, de décrire une forme. Des reflets s'imposent et aussi des échos. L'homme de la plaine, puis de la vallée en subit l'impact. L'erreur serait de vouloir s'en emparer. Lorsque le soleil dissipe par instants la brume et le brouillard, les éclairements successifs apparaissent toujours provisoires. L'acceptation des mues, rapprochées ou distantes, opère des transformations. Le monde invisible clignote devant les yeux du dedans. Ceux-ci s'entrouvrent et se referment aussitôt par prudence, afin de ne pas être aveuglés.

Le passage de l'horizontalité au vertical correspond à une plongée. Soudain, tout bascule : un séisme au-dedans. Rien ne résiste au démantèlement. Plus de maison, de demeure. Exilé, chassé de la plaine et de la vallée, l'homme s'éprouve un exclu, un apatride. Déraciné, le sujet glisse dans l'anonymat. Un silence survient, entrecoupé de vagissements.

Plaintes confuses. Gémissements inconscients d'une chenille agonisante ignorant ce qui va survenir. Départ de l'horizontalité sans avoir encore le sens du vertical.

Le détachement de soi-même favorise le passage de l'horizontalité à la dimension verticale. Sinon, la verticalité ne serait qu'une erreur d'optique. Dépouillé de tout orgueil, l'accès à la montée exige une vision de soi-même comprenant une connaissance de sa misère. Après, aucune vision ne demeure. L'homme s'oublie et ne s'intéresse pas à ses progrès ; il sait que tout s'opère gratuitement.

Ayant constaté l'ampleur de l'intériorité, en disant : « L'intérieur a cent mille fois plus d'étendue, de largeur, de profondeur et de longueur que l'extérieur [13] », Jean Tauler insiste fréquemment dans ses écrits sur la verticalité. Un de ses commentateurs, Gérard Eschbach, écrira : l'homme est un « animal traversé par la verticale [...] La verticale signifie la crucifixion de notre " naturelle " horizontalité [...] La traversée verticale se profile entre d'ultimes hauteurs et d'ultimes profondeurs [14] ».

Selon Tauler, atteindre l'homme supérieur résulte d'une montée au-dessus de l'homme animal et de l'homme raisonnable [15]. Lorsque l'homme s'élève, il « laisse l'âne, c'est-à-dire l'homme animal qui est bel et bien un âne, et le serviteur, c'est-à-dire la raison qui est bien, en effet, une servante. Ils ont servi tous les deux à conduire l'homme au pied de la montagne de l'ascension. Mais ils doivent rester là [16] ». Seul l'esprit pourra monter et atteindre une cime.

« Toute valorisation est verticalisation », précise Bachelard. « La valorisation verticale est si essentielle, si sûre, sa suprématie est si indiscutable que l'esprit ne peut s'en détourner quand il l'a reconnue dans son sens immédiat et direct [17]. »

Après avoir cité Shelley (1792-1822) séduit par « une

patrie aérienne » dont il éprouva d'ailleurs « un vertige », Bachelard ajoute : « [...] la vie spirituelle est caractérisée par son opération dominante : elle veut grandir, elle veut s'élever. Elle cherche instinctivement la *hauteur.* Les images poétiques sont donc toutes, pour Shelley, des *opérateurs d'élévation.* Autrement dit, les images poétiques sont des *opérations* de l'esprit humain dans la mesure où elles nous allègent, où elles nous soulèvent, où elles nous élèvent. Elles n'ont qu'un axe de référence : l'axe vertical [18] ».

La constante comparaison entre l'horizontalité et la verticalité s'impose dans de nombreux cas. D'après Roger Arnaldez, la dimension verticale est à l'horizontalité « ce que la compréhension allégorique, spirituellement vécue, de la Loi, est à l'observance matérielle et légaliste [19] ». R. Arnaldez ajoute une précision d'une extrême importance : « L'effort se situe sur le plan horizontal de la vie terrestre, mais pour avoir sa valeur totale, il faut qu'il ait toujours une composante verticale, une relation à Dieu [20]. » Et d'ajouter : « En un sens, rien n'est plus personnel que l'effort, rien ne peut mieux donner la conscience de soi, la confiance en soi, l'orgueil de soi [21]. »

Ce gonflement du soi guette tous ceux qui présentent la sagesse ou supposent tout au moins l'enseigner. D'où la nécessité de sortir de soi.

Le symbole de la plaine est présenté par Philon d'Alexandrie [22]. « La plupart des combats – dira-t-il –, en temps de guerre comme en temps de paix, ont lieu dans la plaine [23]. » Ainsi, la plaine signifie la discorde, l'opposition. Pour Philon, les personnages bibliques désignent des « dispositions de l'âme », des « attitudes spirituelles [24] ». Abel représente « l'amour de Dieu » et Caïn « l'amour de soi ». Entre les deux frères un combat se livre : Caïn entraîne son frère dans la plaine, afin de le tuer. « L'amour de soi » l'emporte sur « l'amour de Dieu ».

Philon clarifie son propos. Abel semble avoir péri. En réalité, Caïn « s'est fait périr lui-même [25] ». En effet, il est mort « à la vie vertueuse ». En revanche, Abel « vit de la vie bienheureuse qui est en Dieu [26] ».

Les caractéristiques de l'homme-montagne seront explicitées au cours de ces pages. Ces lignes ont pour but de distinguer la *montagne* de la *plaine*. Avant de commencer l'escalade de la Montagne intérieure, durant son séjour dans la plaine, la dualité Caïn-Abel se trouve dans l'homme. Caïn s'efface au profit d'Abel lorsque la montée commence et se poursuit.

L'échelle

L'important consiste à pouvoir assurer le contact entre la Terre et le Ciel. Pour s'en convaincre, il suffit d'évoquer les escaliers des temples comportant une pluralité d'étages et les pyramides de l'ancienne Égypte.

Le récit concernant l'échelle de Jacob sera maintes fois évoqué par les amis des mystères. Jacob part pour Haran. Surpris par le coucher du soleil, il prend la décision de s'arrêter pour passer la nuit. Un songe le visite : une échelle, dressée sur terre, touche le ciel par son sommet. Des anges la montent et en descendent (Gn 28,12). Lors de son réveil, Jacob s'écrie : « Vraiment, c'est YHWH qui est ici et je ne le savais pas. » Apeuré, il juge « ce lieu redoutable » en tant que « maison de Dieu et porte du Ciel » (Gn 28,16-17).

Commentant ce lien entre la Terre et le Ciel, Armand Abécassis écrit : « Nos rabbins ont interprété ce texte en le rapportant à Jérusalem " Porte du Ciel " et centre cosmique que Dieu traverse toujours pour descendre sur la terre, et que l'homme franchit en sa dernière étape terrestre, avant de monter au ciel [27]. »

Le thème de l'échelle est particulièrement illustré par Jean le Sinaïte († vers 650), surnommé Jean Climaque grâce à son ouvrage : *Scala Paradisi* (Échelle du Paradis). Jeune homme, dès l'âge de seize ans, il devient disciple de l'abbé Martyrios, un ancien moine du Sinaï. Il se retira au pied de la Sainte Montagne afin de vivre dans la solitude. Puis il devint higoumène au monastère du mont Sinaï. Sa réputation de sainteté et ses vertus de guérisseur attirèrent de nombreux malades.

L'échelle, ainsi que son nom l'indique, comporte une série de degrés. Les trois premiers échelons correspondent à une rupture avec le monde. Vingt-trois étapes concernent la vie pratique. Celui qui monte acquiert les qualités fondamentales de simplicité – humilité – discernement. Les seize degrés du centre ont pour objet d'introduire un ordre, une harmonie en particulier dans les pensées. Selon Jean Climaque, la montée vers Dieu se tient dans l'ampleur d'un insondable mystère. Les diverses escalades se différencient en fonction de la capacité de ceux qui en font l'expérience [28]. Dans cette montée progressive, Jean Climaque s'inspire tout d'abord de Cassien. Dans la vie monastique, trois niveaux sont distingués : vie commune – érémitisme rigoureux – solitude partagée. Les derniers degrés de l'échelle se rapportent à l'unification débouchant sur l'union avec Dieu. L'*hêsychia* se transforme en un culte permanent de la présence divine. Au sommet de l'échelle, se situe la vie angélique. Elle est repos, Paradis intériorisé, résurrection anticipée. Toutefois, durant l'existence, les combats se poursuivent. Le moine n'est jamais à l'abri des épreuves et des reculs. Ce thème de l'échelle, avec ses différentes étapes, exercera une grande influence sur la pensée orientale et occidentale [29].

La tour

Selon la Genèse (11, 1 sv.), les habitants de la Terre utilisaient une seule langue. Ainsi, ils pouvaient aisément se comprendre. Partis de l'Orient, des hommes trouvèrent une plaine et ils prirent la décision d'y bâtir une ville et une tour dont le sommet pourrait atteindre le ciel. Ces artisans oubliaient que l'homme est invité à devenir le « collaborateur de Dieu ». L'Éternel confondit le langage de ces hommes orgueilleux qui prétendaient escalader le Ciel. Quand ils furent décentrés, la confusion des langues empêcha désormais les hommes de communiquer entre eux. Aussitôt, ils cessèrent de pouvoir échanger les uns avec les autres.

Ainsi la tour de Babel (Babylone, ville de Mésopotamie) inaugure une ère d'incompréhension entre les habitants de la Terre. Unité désormais rompue. « *Diaspora* des consciences et [...] babélisme du langage », écrira Jean Brun [30]. D'où cette affirmation : « On se trouve ainsi conduit à faire la constatation suivante : l'horizontalité du monde, au fur et à mesure qu'on l'explore, nous donne le spectacle de Babel [31] » ; « [...] pour aboutir à une conversion définitive de l'homme à lui-même, il fallait aplatir, une fois pour toutes, le savoir et le pouvoir sur l'horizontalité du monde [...] il fallait coucher la tour de Babel pour qu'elle ne se dressât plus à la conquête de la verticalité mais qu'elle se développât en s'allongeant sur le sol [32] ».

Signe de grandeur et de beauté, la tour, protection pour

les forteresses et les châteaux, devient parfois ornement. Par sa domination, elle indique une différence dans l'ordre d'une élévation face à l'horizontalité. Dans l'Ancien Testament, le terme est employé plusieurs fois. Ainsi l'Éternel est comparé à une tour (Pr 18,10 ; Ps 61,4) ; Ozias bâtit des tours à Jérusalem (2 Ch 26,9). Dans *Le Cantique des Cantiques,* le cou de l'épouse est semblable à une tour (Ct 4,4) [33].

Les étages d'une tour correspondent à des degrés, des étapes. En alchimie, l'athanor emprunte la forme d'une tour. Le passage du plomb à l'or signifie une ascension. Les Litanies de la Vierge comparent la Mère divine à une tour : *turris Davidica* (tour de David), *turris eburnea* (tour d'ivoire). Ici, la tour désigne l'échelle mettant en contact la Terre et le Ciel. Elle peut emprunter une partie souterraine et plusieurs étages allant en décroissant. Ainsi le sommet se différencie de la base par son étroitesse. D'après un cistercien du XIIe siècle, Aelred de Rievaulx, le monastère représente une cité fortifiée dont le silence constitue la tour. Le silence protège, garde le cœur qui s'élève vers la dimension divine. Lorsqu'il se tait, il reçoit des énergies l'orientant vers le dévoilement des saints mystères.

S'inspirant de Jung, Marie-Louise von Franz consacre un chapitre à *la vision de la tour* dans son ouvrage consacré à saint Nicolas de Flue [34].

La colonne

A l'échelle, succède la colonne. Au IVe siècle, quelques moines chrétiens souhaitèrent vivre en plein air, privés de tout abri. D'après le récit de l'*Histoire philothée* de Théodoret, un moine syrien, nommé Siméon, devient reclus près d'Antioche. Il se retira sur une colonne « de six coudées », puis de douze, de vingt-deux et de trente-six. Se tenant debout, sans la moindre protection, il recevait la pluie et souffrait suivant les saisons de la chaleur et du gel. Après son décès, des ermites l'imitèrent. Les stylites furent nombreux en Orient et très rares en Occident [35]. Pour se nourrir, les solitaires disposaient d'un panier suspendu par une cordelette permettant à un disciple d'y placer des provisions.

Peu à peu, plusieurs colonnes furent aménagées. Leur sommet comportait une balustrade, puis une logette et un espace pour s'étendre. Comparable à une échelle, le solitaire se situait entre Terre et Ciel. Lorsqu'une foule trop nombreuse l'importunait durant longtemps au pied de la colonne en réclamant sa prédication, il répondait aux souhaits de ceux qui l'entouraient. Parfois, refusant d'exciter la curiosité, l'ermite abandonnait sa colonne-échelle pour gagner un rocher montagneux afin de vivre dans un plus grand silence. Ainsi la parenté entre la colonne, l'échelle et la montagne doit être retenue.

Bien entendu, les histoires concernant les stylites s'entourent de légendes. Celles-ci – plus ou moins savoureuses – offrent de multiples significations. L'originalité de ces moines orientaux peut étonner. En effet, le stylite souhaite converser avec Dieu, on ne peut en douter. Toutefois, son attitude provoque l'admiration d'un public qui lui demande de donner un enseignement. Au XIIIe siècle, en Éthiopie, des solitaires se tenaient debout, sur un seul pied, durant des heures. Performances qui ne semblent pas toujours orientées vers le spirituel [36]. Après leur décès, les colonnes sur lesquelles les stylites se « perchaient » devenaient des centres de pèlerinage.

Le temps vertical

L'originalité de celui qui tente l'escalade d'une haute montagne consiste dans sa présence à l'instant. Absorption totale. Aucun souvenir du passé ne surgit dans la mémoire. La porte donnant accès à l'avenir ne saurait s'entrouvrir. Dans *L'Intuition de l'instant,* Bachelard fait allusion au « fantôme du passé [37] ». En effet, les souvenirs d'enfance et d'adolescence peuvent soudain hanter durant des moments plus ou moins brefs. Évocations laissant un goût amer ou au contraire suscitant une émotion joyeuse.

La montée est trop périlleuse pour comporter la moindre distraction. Cette présence à l'instant provoque une cohésion. L'escaladeur est « un ». Parfaitement unis, son corps et sa pensée se rejoignent. Peut-être serait-il plus juste de dire qu'il se trouve situé au-delà de toute distinction. Une pensée risquerait d'être dualisante, elle pourrait engendrer un faux pas dont les conséquences seraient mortelles ou tout au moins déboucheraient sur de graves accidents. La discontinuité du temps n'intervient pas. L'instant donne naissance à un autre instant, ils s'enchaînent les uns les autres, à la façon des grains d'un chapelet ou des perles d'un collier. Pointillé... Le discontinu se glisse dans le continu ; gouttelettes provenant d'un écoulement identique. L'escaladeur progresse dans sa montée, chaque pas s'ajoute à l'autre. Une distance plus ou moins grande est franchie. Espace sur espace ; mesure et démesure de l'inusité.

Dominer le temps, ne plus le fractionner en morceaux font partie de la montée. L'élan vital s'inscrit dans la valeur de l'instant devenu synthèse, ne comprenant point de rupture.

Un progrès ne cesse de s'accomplir. Avancée... tout en exigeant un abandon des signes.

Un tel accomplissement, par l'escalade, se retrouve lors de la montée intériorisée. Le comportement du sujet se révèle identique. La conquête se meut en quête d'un constant progrès. Des arrêts dans les aires de repos sont nécessaires. Sinon l'essoufflement pourrait perturber. La peur de l'inconnu surgissant dans la brièveté de l'instant risque de susciter l'effroi. Angoisse de la montée et super-angoisse de se trouver bloqué par l'impossibilité de reculer, de revenir en arrière. Aucune trace de ses pas.

Le saint et le sage n'ont pas à laisser des vestiges de leur passage dans le temps. Encore une fois, le dire et l'écriture n'appartiennent pas à l'homme-montagne mais à l'homme-plaine. Retenir, s'intéresser même furtivement aux impressions ressenties par autrui ne relève pas de la véritable solitude. Justifier ou récuser les paroles émises à notre propos serait une tentation grotesque. Toutefois, il nous faut comprendre la lassitude éprouvée par certains hommes soucieux de déborder l'instant. La solitude mal assumée devient piège et peut rendre fou. L'écart – entre un sujet éveillé et un autre demeurant encore la proie de la somnolence – n'a pas à être remarqué. Qu'il le soit par erreur, cette différence plonge dans un intolérable abîme. Ici, l'orgueil n'a pas de place ; il ne concerne que les débutants et les progressants assez sots pour se prendre au sérieux. L'individu plus avancé risque toujours de ne pas savoir vivre sa différence. Il peut regretter de ne pas ressembler aux animaux confortés par la chaleur de leurs congénères et aussi par l'installation dans une autre mesure du temps. En effet, l'entrée dans l'instant n'étant pas rassurante, une déroute survient si on en prend conscience.

Un texte de Maeterlinck s'offre à la discussion : si « l'être que j'aime le plus au monde [venait] me demander quel choix il lui faut faire, et quel est le refuge le plus profond, le plus inattaquable et le plus doux, je lui dirais d'abriter sa destinée dans le refuge de l'âme qui s'améliore [38] ».

Le progrès devenu refuge cesse aussitôt de coïncider avec une amélioration. Le propre de la montée est de ne plus offrir d'abri, sinon des lieux provisoires qu'il faut nécessairement quitter. L'ascension de l'individu ne comporte aucun lit de repos. Mesurer ses forces au départ ferait choisir l'escalade d'une colline de préférence à une montagne. Mais les énergies surviennent ; elles informent le sujet d'une façon soudaine. Surgissant dans l'instant, elles sont inattendues et acceptées avec gratitude ; parfois données et reçues au compte-gouttes. Ou bien leur densité et amplitude peuvent laisser le sujet pantois. Conscient de l'aide du monde invisible, le récepteur en saisit la fonction : ouvrir, donner, faciliter la démarche.

Bachelard a parlé de la « perspective verticale qui surplombe l'instant poétique [39] ». Il s'explique avec clarté : « temps vertical que le poète découvre quand il refuse le temps horizontal ». Ce temps horizontal s'applique au « devenir des autres, le devenir de la vie, le devenir du monde [40] ». Bachelard décrit les trois expériences successives susceptibles de modifier les relations avec le temps horizontal pouvant enchaîner, par conséquent suspendre la montée :

« 1er s'habituer à ne pas référer son temps propre au temps des autres – briser les cadres sociaux de la durée ;

« 2e s'habituer à ne pas référer son temps propre au temps des choses – briser les cadres phénoménaux de la durée ;

« 3e s'habituer – dur exercice – à ne pas référer son temps propre au temps de la vie – ne plus savoir si le cœur bat, si la joie pousse – briser les cadres vitaux de la durée [...] Soudain toute l'horizontalité plate s'efface. Le temps ne coule plus. Il jaillit [41]. »

Saisir le sens de ce propos de Bachelard permet de comprendre la différence entre l'horizontalité et la verticalité. L'une et l'autre s'expriment à travers le temps. Bachelard envisage la verticalité dans « l'instant poétique ».

Dans certains cas, l'ami des mystères s'apparente au poète. Plus de retour sur son passé. Effacement de tout regret, repentir de nostalgie concernant l'avenir. La sortie de la « durée commune » projette immédiatement dans l'instant lié à la verticalité. Ainsi l'horizontalité, le « temps plat », disparaît car il n'y aura pour lui aucune possibilité de retour.

« La poésie se méfie du discours », écrit Jean Lescure [42]. Il en est ainsi pour la mystique. Le poète brûle les étapes. Inspiré, il atteint immédiatement un sommet. Lorsqu'il tourne autour de son sujet, le rencontre grâce à des touches successives, il erre dans l'horizontalité. Avare de mots, la poésie chinoise, apparentée au vol, se tient sur les sommets. Les autres traditions, orientales ou occidentales, semblent aller et venir dans le temps horizontal et vertical. Les mystiques n'échappent pas à ce double processus.

L'homme-montagne

Ce symbole de l'homme-montagne a été merveilleusement chanté par des poètes chinois. L'homme-montagne désigne l'ermite.

> *Quatre ou cinq hommes-montagne*
> *S'ébattent dans une chambre d'orchidées.*

Ils se baignent aux gouffres de cinabre,
Irradient de soleil et de lune.

Jouan Tsi [43]

L'homme passe par la lune (féminin) avant de connaître le soleil (masculin). L'homme-montagne a déjà absorbé l'état lunaire et opéré le conjointement de la lune et du soleil. Se tenant dans la lumière solaire, il éclaire tous les hommes, donnant à chacun, selon la mesure de sa capacité. Son illumination n'établit aucune distinction et supprime le moindre jugement. La clarté rayonne. Reçue par ceux qui s'orientent vers elle, la voici pour les uns flot de lumière, et pour les autres petit lumignon afin de ne pas les brûler.

Je suis un habitant des montagnes magiques
Qui réjouit sa pensée et nourrit son esprit [44]

dira Si k'ang (223-262) dans un chant taoïste. Par magiques, il convient de retenir les secrets issus du cœur-esprit. Celui-ci devient capable de saisir l'essentiel en puisant tout d'abord dans les énergies cosmiques. Cette magie fait accéder à un autre état. Pas d'utilisation de procédés occultes. Le soleil est considéré comme un magicien. Il opère des transfigurations.

Tso Sseu (250-306) mentionne la démarche de l'ermite. Comment rencontrer le solitaire ?

Canne au poing, je recherche l'ermite
Par un chemin abandonné en travers du temps.
Comment accéder à sa grotte dans la paroi ?
La montagne résonne à son luth... [45]

Souen Tch'ouo (314-371) se met « en route » et suit « les traces »

Des montagnards de cinabre, au corps couvert de plumes [46].

En chimie, le cinabre correspond au sulfure rouge de mercure. Présent dans le fourneau de l'alchimiste, l'or apparaît. Or et cinabre symbolisent le yang. Par sa couleur, ce breuvage d'immortalité communique une coloration solaire produisant un rajeunissement [47]. Les plumes se rapportent à l'oiseau et à son vol. Pourvus d'ailes, ces montagnards ne se déplacent plus à la façon des autres hommes. Ils ont accès aux cimes, c'est-à-dire à la véritable connaissance, d'où leur entrée dans les *Grands Mystères*.

Cette parenté avec l'oiseau se retrouve avec Han-Chan (fin du VIe siècle).

J'ai élu domicile au cœur de la montagne :
Sur la voie des oiseaux, il n'est plus trace humaine [48].

D'après Yen Yen-Tche (384-456) :

Le chevalier n'est pas de notre monde.
Ennemi du commun, il fuit la multitude ;
Ami des solitaires, il cherche la montagne [49].

L'homme-montagne pénètre dans la profondeur du silence. Il se tient au-delà de la communication :

Ce qu'il y a dans la montagne ?
Aux pics des nuées blanches...

Je ne peux que le vivre
Et ne saurais vous le dire [50].
T'ao Hong-King (452-536)

D'une finesse particulièrement exquise, la poésie chinoise soulève dans le cœur des échos en prolongeant des sons émis dans la langue originelle que la traduction française laisse filtrer. Ces textes poétiques captent la profondeur avec sobriété. Aucune surcharge de mots. A cet égard, les Occidentaux se montrent plus prolixes. Certains ne récusent pas le bavardage. Cette attitude provient davantage de leur recherche que de leur inspiration. Comment trouver les termes adéquats pour mentionner une expérience incommunicable que seul le silence peut manifester ?

L'existence de l'ermite se distingue de celle des autres hommes. Il n'a pas à former de disciples d'une façon concrète. Ceux qui le souhaitent reçoivent, à travers l'espace, des conseils susceptibles de les aider. Le solitaire quitte le monde. L'ignorant le considère volontiers comme un être inutile. En réalité, celui qui se retire porte le monde dans son cœur. La contemplation contient l'action. Ou plus exactement, le contemplatif accède à un autre type d'activité. En devenant intermédiaire entre l'humain et le divin, il remplit la fonction d'un « passeur entre deux rives ». Cette opération se situe dans le mystère, c'est-à-dire sans provoquer en lui la moindre inquiétude ou le souci d'une efficacité à maintenir. Tout s'effectue à son insu, dans le secret de sa profondeur, de son fond dans lequel il se tient. Les hésychastes [51] apprennent que l'homme n'a pas à savoir qu'il prie. Devenu prière, celle-ci jaillit de lui naturellement, tel le parfum d'une fleur.

Ami de tous les hommes, le solitaire fraternise avec la création entière. L'éveil, conduisant à l'illumination, affine non seulement sa possibilité d'aimer, mais décuple le pouvoir de l'amour. A l'égard d'autrui, cet amour s'exerce d'une manière subtile. Le sujet ne revendique pas une quelconque propriété à la façon des tentacules familiaux trop souvent monopolisants. Anonyme, il ne saurait s'imposer nominativement. Sans en avoir une claire conscience, le solitaire contemplatif se trouve intégré dans l'espace aérien. En respirant l'atmosphère, il devient possible aux bénéficiaires des ermites de recevoir leurs dons et de plonger par instants dans un océan de douce quiétude. Après cette expérience, ils peuvent s'interroger : d'où me vient ce bienfait ? La réponse risque de ne pas surgir. A cet égard, les vivants et ceux qu'on nomme les morts sont conjoints ; leurs bienfaits se mélangent sans relever nécessairement d'un patronyme plus ou moins illusoire.

A notre époque, l'ermite n'a pas à se faire entretenir par autrui. Ce qui ne signifie pas qu'il importe d'être fortuné pour faire le choix de la solitude [52].

Si l'homme-montagne, c'est-à-dire l'homme des montées, s'adonne à la publication, la question se pose : est-il encore un solitaire ? Il en serait de même pour des conférences. Concrètement, le parfait silence est rarement atteint. Et la solitude peut devenir illusoire. Lorsque des solitaires passent à la télévision et racontent leurs expériences, tout devient jeu. Quand ils se « baladent » sur les routes avec leur voiture, là encore la facétie l'emporte sur le sérieux. Certains ermitages se transforment en bureaux de consultation. Des hommes et des femmes sont attirés par des reclus. Il ne s'agit plus de faire mention de l'homme-montagne, mais de « la montagne accouchant d'une souris » ! La solitude étant difficile à vivre, les moines la réalisent parfois d'une façon provisoire. Âgés, ils se trouvent dans l'obligation d'habiter près d'une communauté qui prendra soin d'eux.

Le cas d'Henri Le Saux, moine bénédictin devenu sannyasi, est particulier. Moine chrétien, il découvre en Inde l'ampleur de la dimension mystique. Il serait possible de s'étonner ! Ne pas oublier qu'à son époque certaines abbayes chrétiennes se trouvaient plus ou moins sclérosées par une scolastique décadente qui n'est plus de mise aujourd'hui. Son désir d'aller en Inde provient d'un souhait précis : faire connaître le monachisme chrétien. Viendra un temps où il rêvera de pouvoir partager sa découverte de l'Inde avec l'Europe, en particulier avec la France. En dernier lieu, son ultime expérience consistera à se tenir au-delà des formes. Il appartiendra à cette dimension de l'esprit devenue intraduisible.

Sa nécessité d'écrire semble provenir de deux motivations : tout d'abord, partager ses propres découvertes ; laisser s'écouler un trop-plein. Ensuite, faire connaître la beauté orientale à l'Occident. Et cela sous un jour nouveau.

En dépit de son besoin de communication se manifestant par des ouvrages, des relations épistolaires et aussi dans son acceptation de tenir le rôle de gourou, le titre d'homme-montagne convient cependant à Henri Le Saux. Il est l'homme d'Arunâchala, cette montagne qu'il ne cesse de chanter, dont la présence le stimule et lui apporte des énergies à la fois cosmiques et spirituelles. Toutefois, l'expression « l'homme-montagne » employée par les poètes chinois apparaît ici différente. Le sens s'étire dans un déploiement qui peut sembler insolite. L'homme devient « montagne » par l'effet d'une participation.

Certains ermites peuvent avoir une conception particulière de la solitude. Ils s'expriment et font passer dans l'écriture leur culture et leur expérience. Il en est ainsi pour Michel

Jourdan [53]. Sa connaissance de la pratique de l'érémitisme en Orient et en Occident lui permet d'exposer les thèmes essentiels de l'érémitisme.

L'homme-montagne correspond à l'homme-désert. Montagne et désert se rejoignent et s'unissent. L'étroit rapport entre ces deux symboles est significatif. Dans ces lieux, la dimension divine se révèle. L'Éternel parle à l'homme. L'abandon de tout mon personnel pour les chantres de la montagne et du désert fait de ces endroits privilégiés des centres. Les rencontres deviennent opérantes entre le bas et le haut. Elles se réalisent dans le cœur. Sorte de nid originel dans lequel la naissance résulte d'une éclosion.

Tel l'oiseau célébrant le printemps, l'homme orienté vers le divin magnifie la montagne et le désert. Toute jubilation s'élève spontanément du vide. En effet, le vide se révèle fécond : il enfante dans le secret. Le silence devient Cantique, *Psaumes des montées* secrètes favorisant la poussée des ailes et permettant le vol [54].

Ainsi, l'homme-montagne correspond à l'*homme céleste* évoqué par saint Paul. « De même que nous avons porté l'image du terrestre, nous portons aussi l'image du céleste » (1 Co 15, 49). L'homme *né de nouveau* passe du *temps à l'éternité.* Ami des mystères, devenu un *fils caché,* le voici non plus exilé, mais pèlerin. Pour lui, une modification de l'intelligence s'effectue ; l'intellectualité s'efface au profit de l'intuition. Tout devient transparent.

Pour mieux saisir la pérégrination de l'homme-montagne, Maître Eckhart apparaît précieux. Dans son traité *De l'homme noble,* le prédicateur prend comme point de départ un verset de Luc : « Un homme noble partit pour un pays lointain afin d'obtenir un royaume » (19, 12).

Quittant son pays, ce voyageur doit successivement parcourir six étapes. Au premier degré, il tente d'imiter les personnes pieuses. Déjà saint Augustin avait parlé de celui qui prend pour modèles des « personnes bonnes et saintes ». C'est une façon – disait-il – de prendre appui « sur les chaises », de rester « près des murs », de se nourrir « de lait ». Peu à peu, le sujet abandonne l'extérieur et s'enracine dans l'amour de Dieu. Au sixième degré, l'homme se détache des images. Le voici « transformé au-dessus de lui-même par l'éternité de Dieu [55] ». Eckhart cite une comparaison proposée par Origène, selon laquelle « le Fils de Dieu est dans le fond de l'âme comme une source vive [56] ». Cette source peut devenir passagèrement obstruée par de la terre. Cette terre correspond aux désirs terrestres. Enlevée, la source s'écoule de nouveau.

Détaché de lui-même, l'homme *s'unifie.* Pour Eckhart, le détachement est au-dessus de l'amour. C'est lui qui permet d'aimer. « Le détachement me porte à n'être accessible qu'à Dieu [57]. » « Le pur détachement se situe au sommet. Or celui-là est au sommet en qui Dieu peut agir selon son absolue volonté [58]. » Quand le vide s'est accompli dans l'homme, Dieu peut s'unir à l'étincelle de l'âme. Ce Dieu est « antérieur » à la diffusion des Personnes, il est « au-delà » du Dieu trinitaire. Ce dépassement du Dieu trinitaire est la « déité », le « fond », « l'un sans mode [59] ».

Tel est le cheminement de l'homme-montagne.

Libéré de lui-même, l'homme extérieur peut s'adonner à l'activité, tandis que « l'homme intérieur demeure totalement libre [60] ».

Eckhart pose la question de l'homme : « Quand on dit " homme ", ce mot signifie [...] quelque chose d'élevé au-dessus de la nature, au-dessus du temps, au-dessus de tout ce qui est tourné vers le temps [61]. » Seul l'homme, délivré de la mobilité temporelle, appartient à la véritable dimension humaine.

Le langage intérieur de l'homme des montées

Celui qui sait devient capable d'interpréter le sens des symboles présents dans les Écritures et les textes initiatiques. Un seul exemple suffit pour comprendre la nécessité du dépassement de la lettre. Dans la Genèse (22, 1 sv.), l'Éternel ordonne à Abraham d'immoler Isaac, son fils unique, sur une montagne dont il lui indiquera le nom. Abraham se met en marche. Le troisième jour, il arrive au lieu désigné. A l'instant où Abraham va sacrifier son fils, un ange suspend son geste.

Commentant ce texte, Philon en explique le sens. Dans cette montée, Abraham traverse les divisions du temps et passe dans « la Nature intemporelle. C'est alors qu'il accomplit le rite sacrificiel sur son fils bien-aimé, qui n'est pas un être humain (car le Sage n'est pas le meurtrier de ses enfants !), mais qui est le produit mâle de l'âme devenue fertile : c'est le fruit qui lui est advenu... [62] ». Le traducteur Jacques Cazeaux invite en note le lecteur à recourir à d'autres ouvrages de Philon afin de découvrir le sens qu'il convient de donner à Isaac. Ainsi « Isaac est dit " sans mère" (*Quaestiones et solutiones in Genesim* IV, 148) car l'âme reçoit plutôt le fils qu'elle ne l'" a " (*De congressu eruditionis gratia* 135). Lorsque Philon affirme qu'Isaac est plutôt fils de Dieu (*Quod deterius* 124 ; *De mutatione nominum* 137), il est dans le droit-fil de la tradition juive, à commencer par le livre de la Genèse [63] ».

Selon la Genèse (17, 1), Abraham a quatre-vingt-dix-neuf ans lorsque l'Éternel lui apparaît. Il lui annonce la naissance d'Isaac (Gn 17,16) : « Abraham tomba la face contre terre, et il rit, disant dans son cœur : " Naîtra-t-il un fils à un homme de cent ans ? Et Sara, une femme de quatre-vingt-dix ans, enfantera-t-elle ? " » D'où ce texte attribué à Sara par Philon : « J'ai mis au monde un fils : ce n'est pas à la mode des Égyptiennes qui le font au meilleur moment de leur force physique, mais à la mode des âmes juives : " dans ma vieillesse ", dit-elle : quand tout le sensible qui doit mourir s'est consumé, quand l'intelligible qui ne meurt pas trouve une nouvelle jeunesse tout en méritant l'honneur et l'estime qu'on doit aux anciens. Et j'ai mis au monde sans le secours de la maïeutique [64] » (c'est-à-dire sans sage-femme). « Abraham et Sara sont entrés dans le *temps de Dieu*. Ce *temps de Dieu* coïncide avec le *jour de Dieu* [65]. »

Le langage de l'homme des montées peut sembler énigmatique en raison de la difficulté des symboles véhiculés. S'apparentant aux textes sacrés, il devient nécessaire d'interpréter d'une façon juste les images et symboles employés. Prendre à la « lettre » les propos des amis des mystères serait plonger dans une indéniable confusion. D'où la difficulté de la lecture d'écrits faisant allusion à la montagne évoquée par des visionnaires. A propos d'Arunâchala, Henri Le Saux dira : « La Montagne n'était plus qu'une immense lampe, au sommet de laquelle brillait la Flamme [66]. » Lumière pour le moine bénédictin sannyasi, cette clarté l'illumine au-dedans. D'où l'impossibilité de distinguer le dehors du dedans.

A l'égard d'autrui, l'homme intérieur accuse plus de différences que l'homme extérieur. Cependant les visages et les corps possèdent leurs particularités. Les voix ne se ressemblent pas ni les regards. Or, nous le savons, de même que l'homme extérieur subit des mutations infligées par le temps, l'homme intérieur se trouve invité à évoluer. Peut-il se mouvoir librement à l'intérieur d'un groupe ? Est-ce qu'une communauté n'est pas semblable à une famille avec un « responsable » plus ou moins comparable à une mère couveuse. Formé – tout en sachant que cette initiation n'arrivera jamais à son terme – l'individu opère une traversée des systèmes, des divers enseignements. Il sort du nid familial. C'est là une nécessité pour son évolution.

Le langage de l'homme extérieur se différencie de celui de l'homme intérieur. Le premier se révèle prolixe et le second « bégaie » lorsqu'il souhaite faire allusion à sa propre expérience. L'entendement de la foule se distingue de celui du petit nombre. Les capacités n'ont pas à être comparées.

Un texte d'Henri Le Saux, cité précédemment, correspond à une phase terminale de la montée. Il ne saurait donc convenir aux habitants de la plaine ou encore aux néophytes qui commencent à entreprendre l'escalade de la montagne intérieure [67].

Orient-Occident

Nous ne sommes plus à l'époque où l'Orient et l'Occident correspondaient à deux directions opposées : vie intérieure-matérialisme ; métaphysique-psychologie ; ésotérisme-exotérisme. L'Orient s'est occidentalisé et l'Occident orientalisé. Il suffit d'évoquer le Japon et la Chine pour saisir l'importance de certains pays ayant totalement modifié leurs structures et leurs conditions d'existence. Quant à l'Inde, la violence apparaît de plus en plus répandue, mais elle continue à maintenir une qualité d'enseignement. Le Tibet, indépendamment de la mainmise chinoise, conserve un monachisme exemplaire. Il se répand en Europe. Convient-il de parler – à son propos – de propagande ? Oui et non. De nombreux adeptes participent à des réunions. Quelques-uns s'engagent durablement.

Dans les textes anciens, ces notions d'Orient et d'Occident demeurent et signifient des différences. Le soleil se lève à l'est et se couche à l'ouest, d'où la tentation de donner à des lieux géographiques une ampleur qu'ils ne contiennent pas. Les symboles drainent un contenu quasi identique depuis des siècles, on ne saurait l'oublier en dépit des mutations de la vie sociale.

Les montagnes orientales offrent un sens particulier, infiniment plus étendu que leurs sœurs occidentales. Les légendes perdurent en Orient et se racontent volontiers. Elles font partie d'un contexte dans lequel se développe l'existence. L'intelligence ne saurait banaliser un passé dont les vestiges respirent à travers les hommes. En Occident, un intellectualisme, découlant d'un rationalisme mal interprété, a perturbé depuis fort longtemps les esprits. D'où la tendance à confondre les récits du passé liés à l'imaginaire et aux mythes, avec des élucubrations puériles. Actuellement, le succès de l'occultisme et de tout ce qu'il engendre draine nombre de personnes dont l'équilibre chancelle. Ce qui ne signifie pas que les textes anciens et les légendes monopolisent l'attention. Les récits, histoires, contes s'intègrent dans le véritable enseignement. L'erreur de la majorité des Occidentaux est de les réserver à la jeunesse, or celle-ci est incapable d'en saisir le contenu. Seule la maturité, liée à l'autonomie, possède une capacité suffisante pour en évaluer la profondeur.

L'évolution de l'Orient et de l'Occident aboutit à créer de plus en plus de ressemblance entre ces deux espaces auparavant totalement différents. « Nous n'ignorons pas – écrit Jean Brun – ce qu'il peut y avoir de sommaire et d'artificiel à parler de *la* vision occidentale ou de *la* vision orientale du monde [68]. » Après le Moyen Âge, la Renaissance en Occident accuse déjà le développement des techniques qui ne fera que s'accentuer sous l'influence de la science. Depuis la fin du XIXe siècle, l'Orient a été influencé par l'industrialisation occidentale. Actuellement, le Japon est devenu une grande nation vouée à une technique de plus en plus performante. L'Inde semble modifier son visage. Le régime des castes est aboli. L'ouvrage de Marc Boulet, *Dans la peau d'un Intouchable,* en signale cependant la continuité [69]. L'Orient est de plus en plus à la mode ; les voyages organisés en favorisent l'accès.

L'homme des montées intériorise ces notions d'Orient et d'Occident. Celles-ci ne correspondent plus à des lieux géographiques.

A l'égard de l'Orient et de l'Occident, Philon d'Alexandrie pose la question : « Pourquoi [Dieu] est-il dit avoir planté l'Eden à l'Orient ? » (Gn 2,8). Sa réponse est claire. Tout d'abord, « le mouvement de ce monde est d'Orient en Occident ». En second lieu, « la partie qui est à l'Orient » est censée se situer à « la droite de ce monde, et la partie occidentale », à gauche. Philon cite Homère (*Iliade* 12, 239) appelant « oiseaux de la droite » ceux qui se trouvent à l'Orient, et « oiseaux de la gauche » ceux qui se tiennent en Occident. L'Eden signifie « délices » et « joie ». Quant au Paradis, il « est à la fois sagesse, éclat, lumière [70] ».

La montagne et le temps

La montagne extérieure a fait son apparition dans le temps. C'est pourquoi un massif montagneux, une colline possèdent leurs histoires et leurs légendes. Il est possible de relater leurs apparitions et leurs transformations. Ainsi, la montagne offre un passé, un présent et un avenir. Des hommes font l'ascension de ces monts. Leurs performances s'imposent à la postérité. Puis ils meurent... Et les générations se succèdent. De ce temps historique, chronologique, dont la mobilité s'affirme avec son écoulement, se distingue le temps subtil auquel appartient la montagne intérieure. Faire l'ascension de cette montagne du dedans échappe à toute relation s'apparentant au discours.

Seul le temps banal retient la majorité des individus. Lors d'un décès, la question posée – jugée essentielle – concerne l'âge du défunt. De la réponse, dépend l'attitude qu'il convient d'adopter. Pour le temps subtil, il se présente un avant et un après... dont le déploiement ne rencontre aucun terme.

L'ascension des montagnes extérieures peut répondre à une mode. Il en est ainsi actuellement pour les Himalayas. De nombreux voyages s'organisent, particulièrement au Nepal et en Chine. Une intelligente publicité attire l'attention des touristes. Devenue lucrative, elle ne cesse de s'amplifier.

Une telle mode se jumelle avec l'intense activité des gourous d'Orient et d'Occident dont l'enseignement subjugue une foule d'auditeurs et surtout d'auditrices. Ces instructeurs répondent à une nécessité. Retenir l'intérêt, monopoliser l'attention, donner l'illusion du savoir, plus encore de la connaissance, voire de l'initiation. C'est souvent là une façon de conforter le goût du pouvoir et de signaler des différences au profit d'un avantage personnel.

Ces divers accès à la montagne extérieure et intérieure sont une façon de favoriser un commerce, qui, hier encore, demeurait imprévisible. La séduction opérée par l'Orient sur de nombreux Occidentaux est sans doute passagère. Fructueuse au niveau lucratif, il serait souhaitable qu'elle soit bienfaisante au plan de l'intériorité.

Deuxième partie

LA MONTÉE ET SA SYMBOLIQUE

Le symbole de la montée – La montée : voie royale – L'âme de la montagne – Pureté et dilatation du cœur – Symbole du rocher et de la montagne creuse – Le thème de l'ascension – L'ascension perpétuelle – La hauteur et ses chantres.

> Je suis une montagne en Dieu et je dois m'escalader moi-même afin que Dieu me montre de loin son bien-aimé visage.
>
> Angelus SILESIUS.

Le symbole de la montée

Dans ses *Homélies sur la Genèse,* Origène retient les termes de « monter » et de « descendre ». Il remarque qu'on ne « descend » jamais dans un lieu saint, et qu'on ne saurait « monter » dans un endroit « peu recommandable ». Ainsi la famille d'Abraham « descendit » en Égypte. Quant aux fils d'Israël, ils « montèrent de l'Égypte [1] ». Origène revient encore sur ces notions de « descendre » et de « monter ». L'Éternel promet sa protection. « Je te ferai devenir une grande nation ; je descendrai avec toi en Égypte et moi-même à la fin je t'en ferai revenir [2]. » Ce retour signifie encore l'accès à la « béatitude future », à la perfection de la vie éternelle [3].

A propos de « monter » et de « descendre », Origène prévient ses lecteurs qu'il ne s'agit pas d'un mouvement spatial. Citant un texte du prophète Michée : « Voici que le Seigneur est sorti de sa sainte demeure et qu'il est descendu ; et il remontera sur les hauteurs de la terre » (1,3), le commentateur précise le sens qu'il convient de donner à ce double mouvement. Lorsque Dieu descend, ce propos signifie qu'il va aider la faiblesse humaine. Ainsi le Christ est « descendu ». Ensuite, c'est à l'homme de monter.

La signification de ces symboles permet de ne pas prendre à la *lettre* les textes présentés par les Écritures. L'intériorité éclairant la réflexion implique un changement de regard et d'interprétation. Parfois, quelques « amis des mystères » peuvent avoir l'intuition des réalités. Traversés par des fulgurances, ils comprennent la nécessité d'enlever les « écorces » afin de découvrir l'amande. Ce perpétuel dépouillement exige un incessant et dur labeur.

Toute montée correspond à une croissance. Le terme de « monter » pourrait faire supposer que le primat est donné à l'activité. Il n'en est rien. Jean Leclercq, moine bénédictin de Clairvaux, a montré l'étroit rapport entre « s'asseoir » et se tenir dans la quiétude [4]. La stabilité pacifiante permet de méditer, de s'adonner à la lecture et à la prière. D'où l'importance du loisir intériorisé recommandé par saint Bernard. Lorsque le Christ visite Marthe et Marie (Lc 10, 38 sv.), Marthe se tient debout et Marie est assise. L'une s'agite, l'autre préfère le repos favorisant l'écoute. Ces positions du corps ne doivent pas s'interpréter à la lettre ; tout se passe dans le cœur perturbé ou tranquille.

Sous des angles différents, Origène considère, dans l'Écriture sainte, le symbole de la montée, c'est-à-dire d'une ascension constante d'ordre spirituel. Aux passages d'Égypte en Palestine et de Galilée en Judée [5], il convient d'ajouter d'autres récits. Après la visite de l'ange, Marie se met en route vers la région des montagnes où elle rencontrera Élisabeth qui porte dans son sein le futur Jean Baptiste [6]. Le point culminant de la montée coïncide avec la transfiguration. Au sommet de la montagne (qui portera le nom de mont de la Transfiguration), Pierre, Jacques et Jean voient la divinité du Christ qui transparaît à travers son humanité. La montée a duré six jours. Ce chiffre correspond à la création (Gn 1-31). Une telle ascension comporte une sortie du monde, c'est-à-dire une traversée de la création. Celle-ci résulte d'un détachement des formes provisoires aboutissant à l'acquisition d'un « regard spirituel ». Une mutation s'instaure chez le sujet qui s'adonne à la montée. S'évader de la plaine exige l'abandon de la dimension horizontale au profit de la verticalité.

Selon Origène, l'Écriture est semblable à une montagne dont il convient de faire l'ascension, afin d'assister à la transfiguration de la « lettre » au profit de l'« esprit ». D'où la révélation d'une présence ne cessant de se déployer. L'avenir – c'est-à-dire la *parousie,* comprenant le deuxième avènement [7] du Christ glorieux – se trouve ainsi concerné. Un constant jaillissement symbolise une dynamique conduisant vers l'éternité : « Jet d'eau qui monte jusqu'aux nuées », écrira Origène dans son ouvrage consacré à Jérémie (10,13) [8]. D'où ce propos : « Ouvre donc en toi la route du Seigneur par une bonne conduite, pave le sentier de tes bonnes œuvres, pour que le Verbe s'y promène sans encombre et qu'il te donne la science de ses mystères et celle de sa venue [9]. » Et Henri Crouzel de préciser : « On a alors gravi la montagne, et on voit Jésus transfiguré à travers toute l'Écriture. Le Christ n'apparaît à la foule que dans la plaine du sens littéral, mais il se transfigure devant le petit nombre qui peut le suivre " sur les hauteurs de l'intelligence très élevée et sublime, qui contient les paroles de la sagesse cachée dans le mystère " [10]... » Une telle transfiguration ne sera complète « qu'à la fin des temps ». Toutefois, elle peut auparavant se manifester.

Pour Origène, « l'homme parfait et heureux ne meurt pas dans une vallée ni dans une plaine, ou sur une colline, mais sur une montagne, c'est-à-dire en un lieu élevé et d'accès difficile [11] ».

D'après Grégoire de Nysse, « si nous montons en délaissant les ténèbres terrestres, [...] nous deviendrons lumineux [12] ». Cependant, l'ombre a son importance. D'après Origène, elle accompagne la naissance du Christ. D'où ce propos : « L'Esprit-Saint, est-il dit, viendra sur toi, et la vertu du Très-Haut te couvrira de son ombre (Lc 1,35). Mais ce n'est pas seulement en Marie que cette naissance a commencé par une ombre ; le Verbe de Dieu naît aussi en toi si tu en es digne. Fais donc en sorte de pouvoir capter son ombre [13]. »

De même, il existe des montagnes ténébreuses. Origène cite un texte de Jérémie (13,16) : *« Rendez gloire au Seigneur notre Dieu avant la tombée de la nuit, avant que vos pieds n'achoppent sur des montagnes ténébreuses. »* Après avoir parlé des montagnes d'ombre, Origène considère les montagnes lumineuses. A leur propos, il cite les anges, les prophètes, Moïse, les apôtres. D'où le texte du Psaume : *« Ses fondations sont sur les montagnes saintes »* (87,1). Quant aux montagnes ténébreuses, elles désignent ceux « qui élèvent des *hauteurs contre la connaissance de Dieu* » (cf. 2 Co 10,5). Origène fait allusion au lunatique que les apôtres ne purent expulser. Ceux-ci demandèrent au Christ le motif de leur échec. Celui-ci répondit : *« Si vous avez de la foi gros comme un grain de sénevé, vous direz à cette montagne : Déplace-toi d'ici à là, et elle se déplacera »* (Mt 17,20) : *« d'ici »,* de l'homme, *« à là »,* à son lieu propre [14].

L'image de la montée, chère aux évangélistes et aux commentateurs de l'Écriture, se retrouve employée dans tous les domaines de l'existence. Gaston Bachelard, scientifique, philosophe et poète a retenu les divers mouvements unifiés par la nostalgie de la montée, la séduction du haut [15].

Dans son ouvrage consacré à *L'Air et les Songes,* Bachelard précise : « Nous nous efforcerons [...] dans cet essai de psychologie ascensionnelle, de mesurer les images par leur *montée* possible [16]. » Et d'ajouter : « Aux mots eux-mêmes, nous essaierons d'adjoindre le minimum d'ascension qu'ils suscitent, bien convaincu que si l'homme vit sincèrement ses images et ses mots, il en reçoit un bénéfice ontologique singulier [17]. »

La montée a pour fonction de dématérialiser. Elle répond à une pulsion vers le haut. Celle-ci fait partie de la structure humaine lorsque l'homme répond à sa propre dimension. « La parole apparaît au sommet psychique de l'être », écrit Bachelard [18]. Tout devient ainsi voyage, pèlerinage, montée vers quelque chose de connu et d'inconnu, débouchant sur une constante nouveauté. D'où cette citation d'une phrase de Rainer Maria Rilke, appartenant aux *Cahiers de Malte Laurids Brigge* : « voyage au pays de l'infini [19] ».

La montée : voie royale

Moïse, dans le Livre des Nombres, adresse des messagers au roi d'Edom, afin qu'il autorise le passage des Hébreux. Ceux-ci se trouvent dans la ville de Cadès située à la limite de son territoire : « Laisse-nous, de grâce, traverser ton pays [...] nous suivrons la voie royale, sans nous détourner à droite ou à gauche » (20,17).

Cette *« voie royale »* sera reprise et commentée par de nombreux auteurs. Voie directe ne contenant aucune ambivalence, récusant les contraires. Une telle voie n'est pas tortueuse. Elle ne comporte aucun détour. Par là même, elle évite les excès. Cette *voie royale* coïncide avec celle de la Vertu envisagée comme un juste milieu. Ce juste milieu correspond à une crête. Philon commente cette voie donnant accès au monde invisible. Aaron est désigné comme « la " bouche " de Moïse, mais son tour viendra de s'entendre appeler " prophète " ; à ce moment l'esprit montera lui aussi d'un degré [20] ».

Dans son *Traité de la virginité,* Grégoire de Nysse se réfère au texte des Nombres concernant la *voie royale.* Son introducteur, Michel Aubineau, parlera de « symbiose » entre deux traditions se rapportant à Philon et à Grégoire de Nysse [21].

La *Bhagavad-gîtâ* fait allusion au « mystère royal » :

Je vais maintenant dévoiler à ton cœur attentif
le savoir le plus caché, dont la connaissance
t'affranchira de tout mal et te libérera
.....
C'est le mystère royal, la science royale, suprême purificatrice [22]...

Mentionner la *voie royale* suppose préalablement connu le symbole du roi. Ce n'est pas dans un contexte politique qu'il convient de l'envisager. Dans la dimension ésotérique, le roi désigne un personnage possédant la plénitude de la connaissance. En Égypte, le pharaon est considéré comme une incarnation d'Horus. Dans les traditions orientales, le roi remplit un rôle d'intermédiaire entre la cité et les dieux. Les souverains étaient divinisés chez les Grecs et les Romains.

Dans l'ancienne Chine, la nature du roi procède du Ciel. Accomplissant un mandat céleste, il devient centre, axe de l'Empire. Ainsi la *voie royale* désigne la voie du Ciel ; elle comporte un aspect cosmique et aussi social. Le décès d'un roi peut engendrer le chaos. L'empereur du Japon était issu de la déesse du Soleil [23].

Pour les juifs, il est fait allusion au royaume de Dieu aussi bien dans l'Ancien que dans le Nouveau Testament. Toutefois, en Israël, le roi ne relève pas du divin. D'où la nécessité pour lui d'observer la loi.

En psychologie, le « moi supérieur » correspond au roi. Au sein d'une véritable éthique, le sujet choisit une *voie royale* intérieure signifiant un ordre harmonieux. Ainsi, dans les sociétés traditionnelles, le roi désigne un sommet. Descendu du Ciel ou encore du Soleil, il incarne la connaissance. Initié aux secrets, il exerce un rôle d'intermédiaire entre le Bas et le Haut. Le prince partage en partie la connaissance de son père. Lorsque la *« voie royale »* est mentionnée, il importe d'avoir présentes à l'esprit les notions essentielles concernant le roi.

L'âme de la montagne

L'ouvrage décrivant les *Pèlerinages d'un moine bouddhiste au Tibet* (1932 à 1949) [24] offre un enseignement original concernant la montagne. Sensible au rythme de la nature, l'auteur, le lama Anagarika Govinda, montre comment l'imagination de l'homme réagit suivant « l'âme du paysage ». L'altitude des montagnes tibétaines a pour effet de susciter une transformation. Un sommet provoque une concentration d'une profonde densité et une « impulsion créatrice » issue d'une mutation momentanée de la conscience. Le voyageur-pèlerin peut devenir le sujet d'états de transe. Ceux-ci le rendent insensible à la fatigue et aux périls rencontrés. Il marche « en touchant à peine le sol ». L'effleurant, il pourrait donner l'impression d'être « porté par l'air » ; il bouge à la façon d'un somnambule.

Un récit donné par Alexandra David-Neel, dans son ouvrage *Parmi les mystiques et les magiciens du Tibet,* rejoint ce propos. Depuis dix jours, l'exploratrice n'a rencontré personne. Soudain, elle aperçoit au loin une minuscule tache noire extrêmement mobile. Avec ses jumelles, elle distingue un homme. Celui-ci se déplace avec une rapidité déconcertante, avançant par des bonds successifs. L'expérience du lama Anagarika Govinda confirme le récit d'Alexandra David-Neel. Le danger, disons même le péril, ne relève plus des difficultés de la montée, il réside dans la possibilité d'un brusque retour à la conscience normale. D'où la nécessité d'un silence rigoureux ; la moindre distraction provoquerait une suspension de la transe [25]. Un tel état ne concerne pas uniquement le cheminement sur la cime d'une haute montagne. Il se trouve aussi lors de l'ascension de la montagne intérieure. De ce fait, un mystique peut passer pour bizarre au regard d'un ignorant, incapable de saisir les causes de son étrangeté. L'urgence d'une vie solitaire se présente pour certains sujets. Un choix d'érémitisme s'impose. L'individu ne peut vivre simultanément sur deux plans distincts. Le contact avec l'extérieur stopperait sa démarche. Toutefois, il est possible qu'une telle option se révèle imprudente [26]. Les rencontres et les échanges apparaissent nécessaires pour la plupart des tempéraments. Non seulement ils s'expliquent mais ils se justifient. Plus encore, des attitudes inattendues pourraient susciter l'étonnement. Il ne s'agit pas d'erreurs de jugement, mais de rétablir « par le bas » un équilibre compromis. L'instinct de conservation se manifeste et le sujet risque de ne pas en avoir conscience.

Lama Anagarika Govinda fait allusion au *lung-gom,* c'est-à-dire à la parfaite maîtrise de l'esprit sur la matière. *Lung* désigne l'état élémentaire de « l'air » et « l'énergie vitale subtile ». Ainsi le mot *pneuma* signifie à la fois « l'air » et « l'esprit ». *Gom* se rapporte à la contemplation et au vide qu'elle suscite. Il se produit une cessation de tout rapport avec un sujet-objet, avant l'identification entre l'objet et le sujet [27].

Un monastère spécialisé formait des hommes en vue du *lung-gom.* Les disciples renonçaient à leur passé et entraient dans l'anonymat. Un modèle datant du XIIIe siècle demeurait célèbre en la personne d'un saint qui triompha de la mort en détruisant son « moi ». Cet abbé des monastères de Shalu fit la connaissance d'un magicien. Employant un mystérieux rituel, celui-ci pensait se rendre propice le « dieu de la Mort ». Des lamas se firent emmurer par des disciples chargés de leur porter quotidiennement un peu de nourriture glissée par une minuscule ouverture. Privés de la lumière du jour, incapables d'avoir une notion du temps, ces prisonniers volontaires s'adonnaient à une continuelle méditation. Bien plus tard, des cellules aérées, accessibles à la lumière solaire, succédèrent à ces volontaires emprisonnements qui, d'ailleurs, ne correspondaient pas à l'idéal bouddhiste.

Selon Anagarika Govinda, certaines montagnes possèdent une personnalité. Celle-ci ne provient pas de la singularité de ses formes ou encore de sa situation géographique.

Comparables à des individus, quelques montagnes se montrent dépositaires de « la puissance divine ». Par exemple, « un tel sommet exerce un pouvoir si grand et pourtant si subtil que de toutes parts, comme attirés par quelque aimant invisible, les gens vont à lui spontanément... [vers ce] centre de puissance sacrée ». Les visiteurs se prosternent « en signe de vénération [28] ». Cette sacralisation de la montagne justifie la spontanéité des cultes qui lui rendent hommage. « L'homme à l'esprit religieux [...] ouvre son âme et laisse [la montagne] pénétrer son esprit, car seul celui qui est " inspiré " ou " possédé " par le Divin peut participer à sa nature [29]. » C'est pourquoi « l'homme dévot porte plus d'intérêt à l'ascension spirituelle qu'à la prouesse de l'escalade. La montagne représente pour lui un symbole divin et, pas plus qu'il ne poserait le pied sur une image sacrée, il n'oserait en fouler le sommet [30] ».

Des cimes sont envisagées comme l'habitat des dieux. Respecter leur demeure s'impose. Sinon, dans une telle perspective, le risque serait d'encourir leur colère et leurs représailles. Le climat superstitieux peut ne pas être retenu. Répondant à une mentalité primitive, il exige cependant une attentive compréhension en dépit de l'impossibilité d'y souscrire en la partageant. Une telle opinion n'est pas isolée. D'après le philosophe taoïste Lie-tseu, les monts Kou-ye, situés sur une île, sont habités par des génies. Ceux-ci « hument le vent, boivent la rosée [...] Leur cœur est une source profonde, leur corps est celui d'une vierge [31] ».

Le récit du moine bouddhiste, Anagarika Govinda, peut s'envisager aussi à un autre niveau. La qualité de sa réflexion lui permet d'indiquer les conditions véritables de l'accès à une montagne extérieure en dévoilant le caractère divin de l'ascension. D'où la révélation mystérieuse de la montagne symbolisant la montée vers la cime spirituelle du dedans dont l'homme est porteur. « Les montagnes croissent et dépérissent, elles respirent et palpitent de vie. Elles attirent et recueillent en elles les énergies invisibles qui les environnent : les forces renfermées dans l'air et dans l'eau, les forces électriques et magnétiques ; elles créent les vents, les nuages, les tempêtes, les pluies, les cascades, les rivières. Elles donnent vie à tout ce qui les entoure et offrent gîte et nourriture à des êtres innombrables. Telle est la puissance des grandes montagnes [32]. »

Il serait possible d'appliquer cette longue citation aux hommes sortis de la conscience commune, aux individus exceptionnels dont le petit nombre provoque la mise à part. Ainsi, la montagne correspond à un centre doué d'une aura rayonnante exerçant spontanément autour d'elle une mystérieuse bienfaisance. De même, l'homme libéré n'a pas à se manifester volontairement. Dans le silence, il émane de lui des énergies positives. A la façon du soleil éclairant indistinctement tous les hommes, sans pour autant en privilégier, l'être affranchi de lui-même et des divers attachements susceptibles de le conditionner laisse passer généreusement ce qu'il contient. Des énergies neuves atteignent autrui en lui apportant un secours anonyme.

La sagesse de ce lama tibétain s'étend à la fois à la montagne du dehors et à celle du dedans. La beauté de son texte n'est pas mise en question. Toutefois, sa conception, vraie pour le passé, n'informe plus nécessairement le présent. Elle peut sembler caduque. Certes, une vision optimiste anime normalement l'ami des mystères. A toutes les époques, la lucidité s'impose. L'accepter exige un effort.

Pureté et dilatation du cœur

« Bienheureux les cœurs purs, car ils verront Dieu » (Mt 5,8). Telle est une des béatitudes. Le mot « pureté » risque de ne pas être compris dans son véritable sens. La pureté implique la simplicité du cœur et aussi le rejet de toute pensée non seulement vulgaire mais banale, voire inutile. Sortes d'ornements accessoires susceptibles d'encombrer, de restreindre la faculté de l'ouïe et aussi celle de la vision. Dans le christianisme, le second commandement s'applique à l'amour des autres. Celui-ci succède à l'amour de l'Éternel : il oriente vers... Or, d'après les traditions, l'amour supprime les jugements de valeur. Tel un carnivore, le médisant déchire, broie entre ses mâchoires à la façon d'un crocodile. Dénigrer quelqu'un devient ainsi une sorte de nourriture pétrie d'ignorance, d'imagination, de jalousie et parfois de sottise.

La pureté du cœur chasse les ombres. Refusant de se nourrir de tout ce qui s'apparente au désordre et au manque d'harmonie, elle ne retient pas le laid. Seule la beauté monopolise son attention. De ce fait, l'amour universel entretenu à l'égard des autres, indépendamment des races et des religions, a pour effet d'orienter vers la dimension divine.

Chercher la perfection et supposer s'en approcher appartiennent au rêve et comportent à l'origine un manque de lucidité. La perfection ne semble pouvoir s'atteindre qu'en des instants privilégiés. La considérer tel un état dans lequel il est possible de s'installer définitivement relève de l'imagination. Toutefois, certains êtres la frôlent. Ils en reçoivent l'éclairement et le parfum.

Ce propos pourrait sembler pessimiste. Un texte de saint

Bernard en confirme la véracité. Dans son *Traité de l'amour de Dieu,* l'abbé de Clairvaux écrira : « Je ne sais si quelqu'un peut atteindre parfaitement en cette vie au quatrième degré de l'amour où l'homme ne s'aime plus que pour Dieu. Si d'autres l'ont expérimenté, qu'ils en témoignent ; pour moi, j'avoue que je crois impossible d'y parvenir [33]. » Après avoir mentionné la brièveté de l'expérience et sa rareté, Bernard ajoutait : « Bienheureux et saint celui auquel il aura été donné d'expérimenter quelque chose [...] en cette vie mortelle, en de rares moments ou même une seule fois et comme à la dérobée [34]. » Dans un de ses sermons consacrés au psaume 23,3 concernant la montée sur *la montagne du Seigneur,* par *l'homme aux mains innocentes et au cœur pur,* Bernard insiste sur l'absence d'une pureté véritable : « Nul n'est pur de toute souillure, pas même l'enfant qui n'a vécu qu'un jour sur la terre [35] » (cf. Jb 14,4).

Préalablement, la pureté du cœur exige une autonomie. Celle-ci favorise l'unité. Tout d'abord, dépassement de soi-même. Ensuite, indépendance, puis liberté. Une sensibilité excessive, une émotivité vis-à-vis d'une situation pénible passagère ou durable risquent de provoquer des larmes de tristesse ou de compassion sur soi. Dans la mesure où l'individu cesse de tourner autour de lui-même, il s'affranchit des divers emprisonnements dont il est l'auteur. En prenant ses propres responsabilités, il cesse aussitôt de rejeter sur autrui les motifs de son angoisse et de ses inquiétudes.

Symbole du rocher et de la montagne creuse

Dieu est appelé « Rocher d'Israël » (2 S 23,3). De sa nudité et sécheresse, l'eau jaillit en source de vie. Comparé au Rocher du désert par l'apôtre Paul (1 Co 10,4), le Christ est une source d'eau vive (Jn 7,37 sv. ; 19,34) [36].

Dans le deuxième Livre de Samuel (23,3), nous lisons :

Le Dieu d'Israël a parlé,
Le Rocher d'Israël a parlé.

Et dans le Deutéronome (32,13) :

Il l'a [*Israël*] *fait monter sur les hauteurs du pays,*
....
Il lui a fait sucer le miel du rocher,
l'huile qui sort de la roche la plus dure.

Au niveau cosmique, le rocher évoque une stérilité totale qui, par l'effet d'une bénédiction divine, devient féconde. D'où l'abondance des évocations signifiant cette métamorphose. Les rochers de Palestine se couvrent d'abondantes moissons. L'eau s'écoule du rocher de Meriba. Sur l'ordre de YHWH, l'assemblée des enfants d'Israël quitte le désert de Sin. Altérés, ne trouvant aucun point d'eau, ils se plaignent amèrement à Moïse. Celui-ci invoque l'Éternel qui lui conseille de s'entourer d'« anciens » et de se munir de son bâton pour frapper le rocher qui est en Horeb. Moïse obéit et l'eau s'écoule (Ex 17,1-7).

Le creux du rocher indique une habitation stable, ou parfois un refuge momentané. Sur l'ordre divin, Moïse se tient dans un creux du rocher, tandis que l'Éternel passe (Ex 33,22). Le prophète Jérémie rapproche le rocher de la colline (49,16) :

toi qui habites le creux des rochers,
qui occupes le sommet de la colline.

Une anecdote illustre le creux de la montagne. Selon Abraham von Frankenberg, Jakob Böhme († 1624), issu d'une famille pauvre, gardait, dans son enfance, le bétail. Un jour, à midi, il s'éloigna de ses camarades pour grimper sur une montagne nommée la Couronne du pays. Au sommet, il découvrit une caverne, simplement clôturée par des pierres rouges. Étant entré, il aperçut « un grand tas d'argent ». Effrayé, il prit la fuite. A propos de cette montagne creuse, Abraham Frankenberg signale plusieurs « montagnes merveilleuses » contenant des trésors.

Cette aventure attribuée à Böhme est peut-être inventée par son compatriote Frankenberg. Peu importe. La montagne creuse doit s'interpréter symboliquement dans un sens initiatique. Plus tard, Böhme devait apprendre à lire et à écrire avant de se spécialiser dans le métier de cordonnier. Inspiré, il sera l'auteur de remarquables ouvrages [37].

Le thème de l'ascension

Au niveau liturgique, le carême – dont les quarante jours évoquent l'Exode – signifie une montée vers la fête de Pâques, c'est-à-dire vers la Résurrection, puis l'Ascension. Dans l'Église d'Orient, l'agenouillement évoquant la pénitence, le peuple est invité à demeurer debout durant le temps pascal.

Pour les chrétiens, l'Ascension évoque la montée de la Terre au Ciel par le Christ ressuscité. Quant à l'Éternel, il est censé habiter le Ciel. Pour se manifester, il descend sur des montagnes, tels le Sinaï et le mont Sion. Il convient de *monter* sur ces montagnes afin de percevoir la voix de l'Éternel.

Les hommes sont conviés à s'adonner à l'ascension de leur montagne intérieure symbolisée par des montagnes extérieures dans l'Ancien Testament et aussi dans le Nouveau. Par là même, la créature humaine s'oriente à la recherche des « choses d'en haut » (Col 3,1). L'invitation du Christ exige de monter vers le Père, tout en sachant l'inaccessibilité des sommets.

Dans la liturgie, la fête de l'Ascension précède la célébration de la Pentecôte, c'est-à-dire de l'Esprit-Saint. D'origine agraire, les différentes fêtes se sont peu à peu transformées. Christianisées, elles s'inscrivent dans le prolongement des théophanies présentes dans l'Ancien Testament.

Le thème de l'ascension spirituelle a été retenu, dans une identique perspective, par Origène et Grégoire le Grand. Bernard lui voue aussi une grande attention en consacrant plusieurs sermons au psaume 24,3 : *Qui montera à la montagne du Seigneur et qui se tiendra dans un lieu saint*? D'où ce commentaire : « Tous nous faisons effort pour monter, tous nous tendons vers les sommets, [...] *Heureux celui qui a déposé dans son cœur les montées* de cette hauteur (Ps 84,6). » Féconde, une telle montagne annonce la joie éternelle. D'où cette évocation d'un texte d'Isaïe : « *Il adviendra que la montagne de la maison du Seigneur sera établie au sommet des montagnes* (2,2) [38]. » Bernard considère le Christ comme une montagne dont il convient de faire l'ascension.

Dans un autre sermon sur le psaume 23 concernant l'Ascension [39], Bernard pose la même question : *Qui montera sur la montagne du Seigneur ?* Le Christ est parvenu dans les Cieux et il continue à progresser « chaque jour, spirituellement, dans le cœur des élus [40] ». Le prédicateur décrit les étapes de la montée du Christ et celles de l'homme s'orientant vers lui. Les derniers degrés franchis comportent l'innocence de l'action, la pureté du cœur, la fidélité et l'amour d'autrui [41]. Après avoir escaladé les montagnes de la patience et de la paix, il importe de gravir « la montagne des montagnes ». Si l'homme y parvient, « Dieu repose en lui [42] ». Bernard fera allusion aux « sept degrés de la montée [43] ».

Le cistercien s'exprimait au XIIe siècle. Au XIVe siècle, le dominicain Tauler († 1361) reviendra sur des thèmes identiques, avec originalité et profondeur. Dans son *Deuxième Sermon pour l'Ascension,* il évoque le Christ réalisant dans l'homme son ascension [44]. Le prédicateur n'insiste pas davantage ; toutefois, il est évident que ce propos intériorise totalement la fête de l'Ascension. Ainsi, le Christ fait l'ascension de la montagne intérieure de l'homme afin de partager avec lui sa dimension divine. Citant un texte de Paul : « Le Christ, montant dans les hauteurs, y a conduit captive la captivité » (Ep 4,8), Tauler retient les différentes formes de captivité et les commente.

Ce mystère de l'ascension ne convient pas aux jeunes gens. Jean Tauler l'explique clairement. Les disciples du Christ privilégiaient son humanité. Cet attachement les empêchait de considérer sa divinité. D'où cette phrase : « Il vous est utile que je m'éloigne de vous ; autrement le Saint-Esprit [...] ne pourra pas venir à vous » (Jn 16,7). Tauler précise : « Ils durent encore attendre quarante jours avant que Jésus montât au ciel pour y faire monter avec lui toute leur âme et la rendre céleste, puis dix autres jours avant que leur fût envoyé le Saint-Esprit [...] Leurs jours sont pour nous des années [...] Quoi que l'homme fasse [...] il ne sera jamais un homme vraiment céleste, avant qu'il n'ait atteint sa quarantième année [45]. » Ensuite il convient encore d'attendre dix jours, c'est-à-dire dix ans avant de recevoir le Saint-Esprit. Tauler de conclure : « ... il faut que l'homme arrive à la cinquantaine » afin de recevoir avec efficacité l'Esprit-Saint [46].

Dans un troisième sermon consacré au même sujet, Tauler expose comment le Christ souhaite entraîner avec lui le cœur, les sens, les facultés intérieures et extérieures de ses amis vers la dimension divine. Le Christ est « monté » pour que nous le suivions [47]. Le Christ s'élève du mont des Oliviers. Or cette montagne reçoit trois lumières : la première provient du soleil, lorsque celui-ci disparaît, la lumière du temple lui succède. La troisième lumière est attribuée aux oliviers producteurs d'huile. « En un mot, l'âme dans laquelle Dieu doit faire [...] son ascension doit être une montagne élevée au-dessus des choses inférieures et passagères [48]. » Et Tauler de préciser sa pensée : « ... Celui qui veut suivre le Christ doit gravir la montagne. » Or cette montagne possède deux versants, l'un symbolise Jérusalem, c'est-à-dire la paix ; l'autre versant se rapporte à Béthanie dont le sens est porteur de peine et de souffrance. Le Bien-Aimé est monté très haut. Le voici devenu à la fois caché et invisible. Quant à l'homme qui tente de le suivre, il vit « suspendu entre ciel et terre [49] ».

Invité à gravir la montagne, l'homme monte avec toutes ses facultés « vers les hauteurs de l'éternité [50] ». Tauler utilise la symbolique des nombres en l'appliquant au corps.

Or l'âge du corps apparaît privé de tout rapport avec celui de l'âme. Envisagé au Ier siècle par Philon d'Alexandrie, ce thème sera ensuite exploité par maints auteurs. Dans son traité *De sobrietate,* Philon émet une remarque concernant la jeunesse et l'ancienneté. Celles-ci sont rigoureusement indépendantes de la durée. Moïse « appelle " jeunes " des hommes avancés en âge, et au contraire " anciens " des hommes qui n'ont pas encore vieilli [51] ». Il ne s'agit pas de l'âge du corps mais de la maturité de l'âme plus ou moins adulte. A vingt ans, Ismaël est appelé « un enfant » ; sophiste, il se différencie du sage Isaac. Les Israélites rebelles sont comparés à des enfants ; Joseph conquis par les satisfactions du corps s'attarde en Égypte, il sera qualifié de jeune [52].

Une remarque s'impose. Les hommes, soumis à la conscience commune, donnent une grande importance à l'âge physique. Ils aiment célébrer les anniversaires. Or, à l'égard de l'éternité, l'enfance, la jeunesse, la maturité, la vieillesse ne se distinguent pas. Ces étapes appartiennent au temps et à l'histoire, elles relèvent uniquement de la durée. L'homme nouveau se tient dans l'état festif d'un printemps intérieur. De ce fait, il échappe aux alternances issues des saisons cosmiques.

Dans le sermon 15 pour la veille des Rameaux, Tauler conseille : « Entraîne ton âme vers les hauteurs et dans le désert intérieur, pousse là tout ton troupeau comme messire Moïse [53]. » Ainsi, le prédicateur unit le thème de la montagne avec celui du désert. Pour le quatrième dimanche après la Trinité, dans un deuxième sermon, le ton employé par Tauler devient encore plus convaincant : « ... Chaque fois qu'il t'est donné de célébrer la grande fête du recueillement intérieur, laisse hardiment la dévotion extérieure, si elle est un obstacle pour toi, car c'est la prière intérieure qui est une délectable vie divine [...] Quelle que soit la pensée qui excite davantage ta ferveur, plonge avec elle, plein de reconnaissance, dans le fond, et attends-y Dieu. Cet exercice fait avec amour nous met, beaucoup plus que les pratiques extérieures, en disposition de recevoir Dieu ; car ce qu'il y a de plus intérieur est toujours ce qu'il y a de meilleur [54]. »

Après, l'amour surgit : « Vient ensuite la mesure entassée et pressée ; c'est l'amour ruisselant. Cet amour tire tout à lui : toutes les bonnes œuvres, toute vie, toute souffrance ;

il amène en son vase tout ce qui se fait de bien dans le monde, de la part de tous les hommes, bons ou mauvais [55]. »

Ainsi, dans la présentation du thème de l'ascension, le sujet donné s'étend à un avant et à un après. Devenu un point culminant, il rassemble les fêtes en exaltant leur profondeur. Celle-ci correspond à une élévation dans le mystère de l'intériorité.

L'ascension perpétuelle

L'ascension – commencée durant l'existence – se poursuit après le décès. Un texte d'Henry Corbin apparaît à cet égard particulièrement significatif pour ceux qui sont capables d'en saisir l'importance. Il constitue une clef donnant accès à une réalité dont la profondeur se révèle inépuisable. L'ascension s'amorce avec « le dénouement du nœud des croyances dogmatiques ». Rien n'est renié. Le contenu du dogme s'éclaire grâce à une lumière nouvelle : un au-delà surgit dont la fonction est révélatrice. Naissance spirituelle correspondant à une résurrection. La capacité se déploie. Un pont s'établit non seulement avec les vivants mais entre les vivants et les morts. « Ibn 'Arabî [56] – écrit Henry Corbin – fait allusion à une mystérieuse entraide spirituelle entre les vivants et les morts, c'est-à-dire entre les vivants de ce monde et les vivants des autres mondes [57]. » Ce qui était auparavant caché se dévoile. Les secrets s'ouvrent. Ainsi, les spirituels s'aident mutuellement « à s'élever de degré en degré ». Une telle ascension correspond à « l'Épiphanie divine dans ces formes, Effusion perpétuellement récurrente, double mouvement Intra-divin [58] ». Aucune répétition ne se présente. Il convient plutôt de parler de constante nouveauté. « Tout être est en ascension avec l'“ instant ” [59]. »

Ainsi, les ascensions se succèdent. Ascension durant l'existence – ascension posthume : mystérieuse correspondance des mondes à l'égard de la révélation intérieure.

Toutes les religions comportent des dogmes avec leurs nœuds qui doivent se dénouer. A l'intérieur de toutes les religions, des hommes ont su pressentir la résurrection donnant accès à une constante montée se poursuivant après le décès.

Aucune religion ne possède le monopole de la libération. Le véritable œcuménisme se réalise par la rencontre des spirituels venus d'horizons divers. Une communion d'ordre spirituel dépasse les échanges intellectuels. Le monde transfiguré est ascensionnel.

Henry Corbin fait allusion au « rocher d'émeraude » au « sommet de la montagne cosmique de *Qâf* [60] ». (Pour les soufis, l'*émeraude* symbolise l'Ame cosmique [61].) Dans cette montagne « ni soleil, ni lune, ni étoiles [62] ». Une telle montagne cerne et surplombe « notre habitat terrestre ». Merveilleuse « montagne qui est la “ mère ” de toutes les montagnes du monde [...] c'est elle encore que gravissent les pèlerins de l'esprit [63] ».

La hauteur et ses chantres

Les chantres de la hauteur proviennent d'horizons divers : psychologues, philosophes, théologiens, poètes, amis des mystères. Suivant leur propre vision, ils célèbrent la magnificence des lieux élevés. D'après les *Odes de Salomon* (34), « tout est en Haut, rien n'est en bas. Mais il le semble seulement à ceux qui n'ont pas la connaissance ». Ainsi, le Haut exercerait son action sur le bas, par échos et par reflets. La beauté de ces échos et de ces reflets permet déjà de saisir la splendeur de ce qui échappe au regard.

L'accès à la hauteur comporte un recul, un éloignement des perturbations susceptibles de mettre en péril la condition humaine. Progresser dans la montée correspond à l'acquisition d'une condition humaine qui n'appartient pas à la naissance initiale. Sa présence résulte d'un choix. La fidélité, maintenue à l'égard de cette option, rencontre de cruelles épreuves.

La hauteur contient de nombreux périls pour celui qui parvient à quitter l'horizontalité. A ce propos, une phrase de Claudel flotte dans la mémoire : « Le voyageur rentre chez lui comme un hôte ; il est étranger à tout, et tout lui est étrange [64]. » Ce texte apporte un éclairement. Celui qui opte pour la montée célèbre la hauteur dont il devient l'ami. Elle s'inscrit dans sa vocation personnelle, toutefois il ne lui convient pas de se considérer comme indigène dans cette nouvelle demeure. Il célèbre la hauteur, car il en reconnaît l'importance sans pour autant prétendre pouvoir en témoigner par sa propre expérience.

Il est possible de chanter ce dont on éprouve le manque. L'angoissé magnifie l'état de sérénité. Dans l'épaisseur de la nuit, pourquoi ne pas glorifier le soleil ?

Troisième partie

SACRALISATION ET SANCTIFICATION DES MONTS

Aperçu sur le thème de la montagne dans l'Ancien et le Nouveau Testament – Les montagnes sacrées et saintes : les pèlerinages – Le haut pays et les monts mystérieux – Mont-Cassin – La montagne et le monachisme – La montagne d'Arunâchala et l'expérience d'Henri Le Saux – Les épreuves de la montée – La montagne et l'extase – Montagne et poésie.

Venez et montons à la montagne de l'Éternel.

(Is. 2,3 ; Mi 4,2).

Aperçu sur le thème de la montagne dans l'Ancien et le Nouveau Testament

La montagne est considérée comme un point de rencontre entre la Terre et le Ciel. C'est pourquoi, dans la majorité des religions, une importance privilégiée est donnée à un mont ou à une montagne [1]. Selon les mythes les plus anciens, les dieux habitent les hauts lieux. C'est à l'homme d'en faire l'ascension pour participer aux saints mystères et recevoir les secrets de la divinité. Dans la pensée juive, avec l'Ancien Testament, YHWH est envisagé parfois par les commentateurs comme le dieu des montagnes avec l'expression *El-Shaddaï.* Mais l'Éternel n'est pas seulement le dieu des sommets, il est aussi celui des plaines (cf. 1 R 20,23-28). Tout en conservant ses privilèges, la montagne se présente comme une créature. Le Nouveau Testament établit un passage allant de l'extérieur au-dedans. Désormais, il ne s'agit plus d'un lien géographique particulièrement consacré, d'une adoration réservée à un endroit précis. C'est en esprit et en vérité que la parole divine est perçue (cf. Jn 4,20-24). La montagne intérieure devient ainsi l'Horeb, le Sinaï de la sainte rencontre.

Face à la mobilité de la condition humaine, la montagne présente une stabilité, une indéniable puissance. Toutefois, avant l'apparition des hauts sommets, l'Éternel devient déjà présent (cf. Ps 90,2). Les « collines éternelles » (Gn 49,26 ; Dt 33,15) sont apparues à un moment donné. Le prophète Isaïe fait mention du créateur qui « pesa les montagnes au poids et les collines à la balance » (40,12). Les sommets expriment leur joie : « Les montagnes sautent comme des béliers et les collines comme des agneaux » (Ps 114,6). Faisant partie de la louange proclamée par la création, montagnes et collines sont invitées à « bénir le Seigneur » (Dn 3,75 ; Ps 148,9). « Le Thabor et l'Hermon exultent » (Ps 89,13). Les prophètes juifs savent l'importance des montagnes en tant que hauts lieux manifestant la gloire de l'Éternel. Saisis par la splendeur des sommets, certains personnages bibliques tentent d'imiter Moïse, d'où la montée d'Élie (1 R 19,8). Plus tard, celui-ci se rendra au mont Carmel (1 R 18,42 ; 2 R 1,9 ; 2 R 4,25).

L'importance donnée aux montagnes subit une mutation avec « la fin des temps ». Le Sinaï n'est plus retenu, sinon comme un souvenir se rapportant au passé. Sion conserve sa valeur. L'Apocalypse fait allusion à l'Agneau qui se tient à la fin des temps sur le mont Sion (Ap 14,1). Mais le véritable sanctuaire se trouve dans l'homme. Peu importe, si le pays est transformé en plaine, Jérusalem est exhaussée (Za 14,10). Tous les hommes seront invités à « monter vers Jérusalem »

(Za 14,16). Toutefois Jérusalem deviendra le cœur de l'homme. Et l'ascension du cœur ne retiendra qu'un petit nombre. Selon l'Apocalypse, Jérusalem descend du ciel (21,10). L'homme monte vers la *Jérusalem céleste.*

Dans le Nouveau Testament, les évangélistes font souvent allusion aux montagnes. Celles-ci ne sont pas obligatoirement nommées. Il suffit d'évoquer le symbole de la montée pour saisir la signification des textes. Jésus s'éloigne de la foule et se retire sur la montagne pour prier (Mt 14,23 ; Lc 6,12 ; Lc 9,28). Suivant Matthieu, c'est sur une montagne que Satan propose à Jésus de l'adorer. En échange de cette vénération, il lui conférera un pouvoir total sur le monde (Mt 4,8).

De la montagne, Jésus propose un enseignement à ses disciples. Sur une montagne, il se transfigure devant Pierre, Jacques et Jean (Mt 17,1 sv.). A ce propos, les commentateurs remarquent que les montagnes ne sont pas toujours nommées. Il suffit d'en retenir les symboles : l'écart, un « tout autre » lieu, la hauteur exigeant une préalable montée. Le mont des Oliviers est aussi à retenir (Mt 24,3 ; Mc 14,27 ; Lc 21,37) et le mont des Béatitudes.

Pierre, dans une épître, cite volontiers la « montagne sainte » (2 P 1, 18-10). Le Christ devient en quelque sorte *« montagne »,* on monte vers lui ; le rencontrer suppose une ascension. Jean mentionne ce propos de Jésus : « Quand j'aurai été *élevé* de la terre, j'attirerai tous les hommes à moi » (12,32).

Monter vers le *Christ-montagne* symbolise la *montée des montées* allant de la Terre au Ciel, c'est-à-dire de la dimension humaine à la dimension divine.

A propos de « monter », il importe de citer l'anecdote concernant Zachée : « Le Christ entre à Jéricho et traverse la ville. Un homme, nommé Zachée [chef de publicains], cherche à le voir. En raison de sa petite taille, il en est empêché par la foule. Courant en avant, il monte sur un sycomore. Jésus l'aperçoit et lui dit de descendre afin de le recevoir chez lui » (cf. Lc 19, 1-4). Zachée a été « vu », en raison de la hauteur – d'ailleurs toute relative – qu'il a pu atteindre. Symboliquement, les montées extérieures se rapportent aux ascensions intérieures.

Les *Morales sur Job,* de Grégoire le Grand, relatent l'histoire de Zachée. Celle-ci implique un dégagement du créé [2].

Les montagnes sacrées et saintes : les pèlerinages

Suivant les traditions qui les magnifient, certaines montagnes sont dites « sacrées » ou encore « saintes ». Quelques exemples seront ici retenus. D'autres lieux auraient pu figurer dans cette brève présentation totalement privée de tout caractère exhaustif. Ce choix arbitraire tend cependant à mentionner des montagnes dont la renommée fait déplacer les foules. Cette attirance repose sur des « apparitions de la Vierge ». Près d'une grotte, coule une eau censée être « miraculeuse ». Dans d'autres cas, l'attirance semble justifiée par des hommes ou des femmes dont la qualité de présence a laissé d'importants vestiges. Aux faits historiques, s'ajoutent les légendes véhiculées avec dévotion.

L'historien, Alphonse Dupront, a publié un ouvrage sur le sacré [3], dans lequel il évoque « ces confins mystérieux où transcendance et immanence se rejoignent [4] ». Quant aux lieux sacrés, favorisés par les pèlerinages, « le pèlerin accomplit [...] une quête du " passage ", passage transfigurant d'un monde à l'autre, avec, dans l'accomplissement des sacralités du pèlerinage, la certitude du " passage " en acte, et donc de la présence divine [5] ».

L'auteur consacre deux longues études à des centres de pèlerinage : Rocamadour et Lourdes. Le premier espace présente un roc abrupt, « étagement à la verticale ». Escalier *« scala sancta »* de deux cent vingt-deux marches [6]. Selon Alphonse Dupront, « Lourdes témoigne d'un respect religieux pour la montagne. Cette montagne en laquelle va se faire la sacralité du culte [7] ».

De nombreux lieux cosmiques sont présentés, aussi bien en faveur de l'Occident que de l'Orient. Ainsi la montagne sainte du Fuji-Yama. « Pics et lacs de haute montagne représentent, tant en Inde qu'au Tibet et en Chine, autant de lieux paisibles d'élection sacrale, tel ce Wutaïshan aux Cinq Montagnes, où défilaient en masse pèlerins tibétains et mongols [...] l'Europe connaît aussi ses hauts lieux [8]. » L'auteur retient des sites de pèlerinage : le Piémont, Gargano dans les Pouilles. Ou encore en Autriche, aux Grisons en Suisse, au mont Sainte-Odile (en Alsace), sans oublier, au Japon, les mille et un bouddhas [9]. Sont aussi retenues La Mecque et les collines qui l'entourent. Seuls les points élevés, centres de pèlerinage, sont évoqués [10]. A. Dupront considère « l'acte pèlerin » comme une « prière marchée », une *« quête humaine du sacral [11] »*.

Il existe un rapport entre la marche processionnelle et les prières répétitives, tels les litanies et le chapelet. Aucun chant ne saurait accompagner la montée. Les énergies se rassemblent et se concentrent. Les pratiques parfois « superstitieuses » des religions populaires appartiennent aux cultes de la plaine.

Le haut pays et les monts mystérieux

Bernard Gorceix a consacré un ouvrage aux *Amis de Dieu en Allemagne* au XIVe siècle [12]. Il expose le dossier de Rulman Merswin († 1382), strasbourgeois d'origine. Un texte important se rapporte à « l'île Verte » et au « haut pays ». Le *Livre des neuf roches,* présentant un « itinéraire visionnaire », contient cent soixante-sept pages. Dans la seconde vision du *Livre des neuf roches,* Rulman Merswin se trouve au pied d'une montagne dont le sommet paraît toucher le ciel. D'étranges figurines descendent de la cime montagneuse. Brillantes tout d'abord, elles s'obscurcissent [13]. Les textes tentent « de préciser le statut de l'homme parvenu aux sommets [...] déferlement d'amour [...] jubilation de l'extase [...] ravissement [...] embrasement suprême [...] véritable fête qui est l'avant-goût du salut éternel [14] ». Rulman Merswin nomme « ami de Dieu du haut pays » un mystérieux personnage qui opère à la fois avec ferveur et discrétion.

Pour commenter la montagne mystique, Rulman Merswin utilise l'Ancien et le Nouveau Testament en retenant « la puissance théophanique, mystagogique, métaphorique du thème ». Selon l'auteur, « la montagne est le lieu élu de la rencontre avec le *numen* [15] ». En effet, « sur les montagnes, dans le haut pays, dans le recueillement de toutes ses puissances, et en s'élevant de tout son cœur vers Dieu [...] le croyant doit établir sa demeure [16] ».

Henry Corbin a parlé de « la maison du Graal, le château-temple ». Il expose sa pensée : « Le cycle du Graal se développe en une épopée du Temple atteignant un sommet qui culmine entre le temple de Salomon sur le mont Moriah et la Jérusalem céleste. C'est aussi toute la théologie et la spiritualité du Temple qui atteignent un de leurs sommets, sur les hauteurs de Monsalvat, support de la hiérophanie [17] », représentée par le temple du Graal. Ce sujet tiendra un rôle primordial au Moyen Âge. L'expression « découvrir » ou « trouver » le Graal est encore actuellement employée, mais très rarement.

Entouré d'anecdotes folkloriques d'origines diverses, le thème du Graal se révèle – pour de nombreux interprètes – profondément chrétien. Gilson distinguera son origine cistercienne. En fait, l'idéal chevaleresque est exalté à l'époque des croisades. Par son ampleur, le Graal déborde la chrétienté. D'ailleurs, le mythe ne cessera d'évoluer. Ce qu'il importe de retenir concerne le mystère du caractère indicible de la lumière issue de l'éternité. Celle-ci est intimement reliée à la contemplation [18].

La contemplation est une cime. Saint Augustin a décrit l'ascension de l'âme contemplative vers un sommet où se produit une sorte d'embrasement fugitif. Cette lumière d'éternité favorise l'approche de la dimension divine. Un tel ravissement se distingue de l'extase. Suivant un des récits, Galaad, ayant jeté un regard sur le mystère du Graal, éprouvera une telle béatitude, qu'il demandera à Dieu de mourir... Il ne sera pas exaucé.

Parvenu à un sommet, lors d'une élévation rapide à la façon d'un éclair, le contemplatif subit un éblouissement. Sorte d'ascension aussi fulgurante que brève. Un élément nouveau surgit. L'homme qui fait l'escalade d'une montagne extérieure en descend. Lorsqu'il s'agit de la montagne intérieure, tout se passe différemment. Chacun éprouve d'une façon particulière son expérience personnelle. De même que chacun subit sa propre mort physique, le trépassement du temps en faveur de l'éternité offre un caractère inimitable. Toute répétition est impossible. Dans les contes anciens, apparaît toujours un ermite devenant un conseiller passager en indiquant le sens d'une direction aux errants, c'est-à-dire à ceux qui se vouent à la *quête* de l'*Absolu.* Chacun la poursuit suivant son degré d'ascension.

Peu importent les différentes versions concernant la *Queste* du Graal. Ce qui est significatif concerne l'éclat de la lumière reçue déterminant une totale *metanoia* (conversion). « Expérience qui transcende toute voie, étant à la fois toutes voies et aucune voie [19]. » Propos essentiel pour pénétrer dans le mystère de l'ascension de la Montagne intérieure comportant pour certains la vision du saint Graal, ce qui correspond à l'ouverture des saints mystères. « J'ai découvert le Graal ! » s'écriera Henri le Saux [20].

Mont-Cassin

Située entre Naples et Rome, dominant la plaine de Campanie, l'abbaye du Mont-Cassin fut fondée par Benoît de Nursie en 529. Durant ce même siècle, le monastère subit l'invasion des Lombards. Les moines bénédictins durent se réfugier à Rome. Restaurée, l'abbaye fut de nouveau habitée au début du VIIIe siècle. Avec ses abbés réputés, ses moines intellectuels et artistes voués à la culture, le Mont-Cassin devait remplir un rôle éminent dans l'histoire monastique. Toutefois, cette abbaye traversa de tragiques épreuves : agressions, massacres des religieux, détérioration des biens non seulement pendant la période féodale mais durant toute son histoire. En 1799, les troupes françaises de la Révolution devaient mettre un terme à tout un passé à la fois contemplatif et culturel. Classée monument national, la célèbre abbaye fut reconstituée au XIXe siècle. Détruite en 1944 par les bombardements des Alliés, les États-Unis financèrent après la guerre la reconstruction du monastère [21]. En 1964, Benoît de Nursie fut proclamé le « patron de l'Europe ».

Dans un article, un moine contemporain appartenant à l'abbaye N.D. de Tamié fait allusion à « saint Benoît montagnard [22] ». Précisant sa pensée, il écrit : « Si Benoît est de Nursie, on doit donc retrouver en lui quelque chose de nursinien. Or Nursie est un pays de montagne [...] une modeste ville de montagne de la chaîne des Apennins, dans une région qu'on appelle Sabine [23] ». Et l'auteur de citer un texte de Cicéron louant la robustesse des habitants de cette région.

Après Nursie, Benoît choisira d'habiter dans une grotte située parmi les rochers abrupts de Subiaco. « La montagne est un sacrement », dira un Dauphinois nommé Roger Canac [24]. André Frachebourg cite ce dicton : *Benedictus montes. Bernardus valles... amabat* (Benoît aimait les montagnes, comme plus tard Bernard aimera les vallées).

Pour comprendre l'héritage des cisterciens qui voulurent restaurer fin XIe-XIIe siècle la règle de saint Benoît conçue dans son authenticité, il importe d'évoquer la caractéristique particulière de leur fondateur.

De nombreuses abbayes cartusiennes et cisterciennes sont situées sur des lieux élevés, il convient de monter pour les atteindre. Au Moyen Âge, lorsqu'un jeune homme devenait moine, une expression était fréquemment employée à son sujet, on disait de lui qu'il était « parti pour la montagne ».

Des monastères se sont établis sur des monts en Europe et en Asie. Le *Mont-Dieu,* relevant du diocèse de Reims, fut au XIIe siècle une chartreuse. Un bénédictin, Guillaume de

Saint-Thierry, devenu cistercien, ami de saint Bernard, adressa aux chartreux une longue lettre appelée *Lettre d'or*. Ce *Traité* consacré à la vie solitaire louait avec admiration l'existence cartusienne [25].

L'abbaye du *Mont-Saint-Michel* située sur le Mont-Tombe, s'élève à 80 mètres au-dessus du niveau de la mer, aux confins de la Bretagne et de la Normandie. Des bénédictins s'y installèrent au Xe siècle. La renommée de ce monastère s'étendit durant fort longtemps en dépit de nombreuses épreuves. Aujourd'hui, le Mont-Saint-Michel est visité par un grand nombre de pèlerins et de touristes [26].

Le *mont Sainte-Odile,* 763 mètres, domine la plaine d'Alsace. Ce site tint un rôle éminent bien avant l'époque chrétienne. Au VIIe siècle, le duc Etichon fit construire un couvent dédié à saint Jean-Baptiste ; il le donna à sa fille Odile. Suivant la légende, celle-ci, née aveugle, recouvrit la vue, lors de son baptême à l'âge de douze ans. Deux abbayes rassemblèrent plus de cent moniales. Au XIIe siècle, la célèbre Herrade de Landsberg contribua à l'agrandissement des monastères habités par des prémontrés et des religieuses soumises à la règle de saint Augustin. Les pèlerins affluaient et des soins étaient donnés aux malades. Après de nombreuses vicissitudes, les moines et moniales se raréfièrent. Actuellement, quelques prêtres et sœurs s'adonnent à la réception des pèlerins et des hôtes de passage.

Quelques abbayes s'établiront sur des monts : *Mont-César* (bénédictin) près de Louvain (Belgique) ; monastères cisterciens : *Mont-des-Cats* (diocèse de Cambrai) ; *Mont-des-Olives* (diocèse de Strasbourg).

Situé en Égypte, le *Mont-Sinaï,* illustré par sainte Catherine, présente un monastère voué à son patronage. Dès le IVe siècle, les ermitages y furent nombreux. Vers l'an 800, au sommet du Djebel Kathrin, le tombeau de sainte Catherine, martyrisée à Alexandrie en 307, ensevelie « par les anges », fut transféré dans la basilique dite de la Montagne du colloque [27].

La montagne et le monachisme

Au Moyen Âge, avant l'apparition au XIIIe siècle des Ordres mendiants comprenant des religieux, les moines chartreux et cisterciens habitaient dans des lieux difficiles d'accès : montagnes, forêts. Ils voulaient préserver leur solitude. Chevaux, ânes et leurs cavaliers n'atteignaient pas facilement ces endroits retirés. Au niveau économique, un monastère formait une totalité : il se suffisait grâce à son autonomie. Une simplicité de vie engendrait une existence d'une très grande sobriété ; elle dura environ un siècle, comportant ainsi plusieurs générations.

L'idéal primitif de la pauvreté n'a pas perduré. L'acquisition de propriétés, permettant un constant déploiement, a exercé une tragique séduction. L'enrichissement est devenu, non pas une tentation plus ou moins repoussée, mais une forme d'asservissement. Tout d'abord, les religieux n'en profitèrent aucunement à titre individuel. Au cours des siècles, les modifications se manifestèrent de façon relativement lente. Durant longtemps, les monastères contemplatifs reçurent des dons, des legs : terrains, livres, argent lors des décès. C'était une manière pour les laïcs de s'assurer des prières. Ils croyaient ainsi favoriser leur vie posthume. De nombreux ouvrages, concernant le monachisme, permettent de suivre l'évolution des grandes fondations et réformes médiévales.

Dans son ouvrage sur les *Monastères de montagne* [28], Samivel retient des lieux solitaires consacrés à la prière, en particulier en Savoie, Dauphiné, Valais. Certaines oasis consacrées au silence – telle La Grande-Chartreuse – sont connues en raison de leur renommée universelle. Le Reposoir, d'une extraordinaire étrangeté, est un endroit peu visité ; une sorte de séduction s'exerce, car le monde invisible s'y manifeste d'une façon privilégiée [29]. Tout d'abord habité par des chartreux, ceux-ci furent plusieurs fois expulsés. En 1922, des carmélites s'installèrent dans l'ancienne chartreuse.

Les communautés monastiques et religieuses remplissent sans doute une action salvatrice. Il conviendrait de les connaître afin de pouvoir s'y référer avec exactitude. En s'ouvrant de plus en plus au monde extérieur, elles risquent d'amoindrir le dynamisme de leur dimension spirituelle. Le contraire peut aussi se produire. Dans ce cas, le rapport avec l'extérieur provoque une efficace stimulation.

Durant longtemps, des moines et religieux retinrent volontiers pour eux-mêmes – et aussi pour leurs confrères – des titres révérenciels (« révérend » ou « très révérend ») précédant leurs noms. Un tel usage semble actuellement désuet. Pourquoi ne pas opter pour la simplicité ? Ces habitudes sélectives pouvaient s'accepter autrefois. Aujourd'hui, elles sont devenues dérisoires ! L'homme choisissant une voie de montée, donc de progrès, n'a que faire des marques concernant l'*idolâtrie du moi*. Naturellement, il serait possible d'objecter que tel ou tel homme n'exige pas pour lui-même une « révérence » à titre personnel.

Le respect dans ce cas s'applique uniquement à la présence divine dont il est le porteur. Cette interprétation apparaît défendable. Toutefois, elle semble surtout applicable aux « anciens », désireux de retenir d'habituels usages. Ceux-ci peuvent ne pas convenir aux jeunes générations, conscientes non seulement de leur manque d'expérience, mais avant tout désireuses de ne pas se situer à part. Les académies peuvent être briguées par des religieux, on en a maints exemples. Toutefois, les titres correspondent à des hochets. Sortes d'ornements obtenus par les relations le plus souvent liées aux situations sociales et aussi aux professions d'ordre intellectuel. Autant de considérations non susceptibles d'intéresser l'homme-montagne séduit par le dedans. Son choix récuse la facticité de la gloire humaine ! Le panache fait partie des distractions de l'homme retenu par des banalités susceptibles de le faire émerger. Rien à voir avec la sortie de l'horizontalité au profit du vertical. Les jeunes générations peuvent ne pas partager ce mode de convenance. Les Pères du désert, dont l'exemple demeure toujours valable, récusaient l'emploi des expressions respectueuses les concernant.

Dans un article consacré au monachisme [30], R. Panikkar expose la vocation du moine. Tout d'abord, ne pas oublier que le moine est le successeur des prophètes et des martyrs. « Il est dans le destin du moine de vivre enfoui ; il est dans la vocation du chrétien de ne pas regarder en arrière. C'est le principe même de la kénose : créer le vide total en soi pour laisser s'incarner un principe supérieur [31]. » Le terme « créer » peut soulever des questions. L'acceptation d'un nouvel état semble se différencier de l'œuvre du sujet concerné.

« Le moine – écrit R. Panikkar – est une figure religieuse primordiale, antérieure à l'éclatement des grandes religions [...] Il n'est pas défini par ce qu'il fait, mais par ce qu'il est [32]. » D'où l'importance de sa « vocation universelle, verticale [33] ». L'auteur de conclure : « La vocation monastique n'est pas seulement trans-temporelle, elle est aussi silencieuse. Le moine est un homme de peu de paroles ; il doit fournir une contribution silencieuse. Il existe quelque chose au monde qui défie l'écriture. Et cette action silencieuse, ce geste intégralement authentique, c'est cela précisément que le monde attend du monachisme [...] Alors nous pouvons peut-être nous enfoncer dans cette prière silencieuse, justement silencieuse parce qu'elle ne sait plus quoi dire... [34]. »

La montagne d'Arunâchala et l'expérience d'Henri Le Saux

La sainte montagne d'Arunâchala a été pour Henri Le Saux « un lieu de naissance ». Dédiée à Shiva, Arunâchala (*aruna* = lumière, *achala* = montagne) est située à cent cinquante kilomètres au sud-ouest de Madras et domine la ville de Tiruvannamalai. Composée par des roches ignées, totalement nues, « signe informe du Sans-Forme », dira Le Saux qui fit de nombreux séjours dans les grottes de la montagne, entre 1949 et 1955. La montagne sacrée devint son gourou, il la célèbre avec amour et reconnaissance :

Arunâchala, guru impitoyable,
qui me sevras de tout
ce que j'aimais jusque-là,
de tout
ce que je savourais jusque-là,
de tout
sur quoi je m'appuyais jusque-là,
les choses de ce monde comme les choses de l'autre,
et me laissais suspendu
libre et nu,
dans l'esseulement du kevala [isolement]
en plein milieu du gouffre,

au sein du fond,
ton cœur, ô Arunâchala[35] !

Sri Ramana Maharshi († 1950) passa son existence au pied de cette montagne, dont il dira : « Arunâchala, tu déracines l'ego de ceux qui méditent sur toi au fond de leur cœur[36]. »

Le père Le Saux parlera avec enthousiasme de cette sainte montagne : « Celui qui reçoit cette Lumière éblouissante est pétrifié, déchiré, il ne peut plus parler, il ne peut plus penser, il reste là hors du temps et hors de l'espace, seul dans la solitude même du Seul, c'est fou comme expérience, cette irruption soudaine de la colonne infinie de feu et de lumière d'Arunâchala[37]. »

A la suite du décès d'un *sâdhu,* Henri Le Saux a pu occuper une des grottes de la montagne sainte. Il aimait observer l'ombre qui se répandait lorsque le soleil avait dépassé le sommet du mont. Cette alternance de lumière et d'ombre, de clarté et d'obscurité, le moine put apprendre à l'intérioriser dans le silence de sa solitude. Il est impossible de mesurer l'ampleur de cette expérience.

Son attachement à la montagne sacrée fut en quelque sorte « mis en question » par la visite imprévue d'un brahmane, ancien dévot du Maharshi. Avec simplicité, le moine occidental évoque l'aide précieuse reçue par la présence de la montagne. L'Oriental tente de briser cette forme d'attachement. « Une seule chose te manque [...] Pénètre en la *guhâ* [grotte] de ton cœur, et réalise là que TU ES[38]. » L'interlocuteur tente d'ébranler des liens qu'il juge insolites. « Ta *guhâ* de pierre est chose inerte[39]. »

Cet enseignement donné avec une certaine brutalité va aider Le Saux à basculer dans son fond.

Les épreuves de la montée

> ... Au plus profond du dedans, il n'est plus de dedans ni dehors, mais, seul, l'océan incirconscrit du Mystère.
>
> Henri LE SAUX.

Parmi le petit nombre de ceux qui ont opté pour l'essentiel, une épreuve risque de survenir durant la dernière partie de l'existence. En avoir l'expérience apparaît nécessaire pour en saisir l'extrême gravité. Impossible de donner un nom juste à ce changement. Celui-ci consiste dans une globale disparition de ce qui auparavant comblait.

En effet, brusquement, les masques tombent. Tout se dénude. L'imagination n'est plus assez vive pour créer et bâtir des murailles protectrices. Antérieurement, la perversité s'enveloppait d'étoffes soyeuses. Les mensonges entourés de papier cadeau séduisaient. Les jeux du cirque semblaient livrer un enseignement. La religion de l'âme, la plus fréquemment en usage, suscitait une confiante admiration.

Cette mise à nu équivaut à une « mise à feu ». En effet, des nourritures auréolées par une certaine candeur plus ou moins naïve, et aussi par l'ignorance, brûlent et se consument. Le sujet voudrait encore les regarder. Ses mains plongent dans de la cendre que le vent ne cesse de balayer. Inutile de chercher des traces, de les mendier en les supposant momentanément recouvertes. Ainsi la mousse s'étend sur les pierres, les troncs d'arbres abattus. L'herbe pousse dans les cimetières mal entretenus.

Pas de dépréciation, d'affadissement. Une batterie à plat

se recharge. Ici rien ne peut repousser en retrouvant une nouvelle jeunesse susceptible de susciter un émerveillement passager. Plus de semence. De ce fait, aucune récolte possible dans un présent qui cesse de s'allonger en prenant le nom d'avenir.

Ce n'est pas seulement le monde qui s'évapore. L'intermonde est aussi entraîné dans cette disparition massive. Plus encore, le décès d'un comportement humain tire derrière lui la dimension divine qui l'accompagnait et l'éclairait. Désormais, l'ombre et la lumière sont défuntes. Tout semble enseveli. Aucune trace de suaire, de corps, de passage. Les souvenirs voltigent, dansent avant de disparaître définitivement. Ce qui a été aimé, chéri, privilégié n'existe plus. Amours, amitiés, tendresse apparaissent semblables à des bougies éteintes par manque de cire. Les motivations d'une existence vouée à la recherche de l'intériorité s'effilochent avant de s'évanouir.

Perte de conscience de sa propre dimension cosmique. L'homme contient en lui l'univers : l'eau – le feu – la terre et l'air. Il est porteur de la mer, des montagnes, des abîmes. D'où sa parenté avec la création, les mondes d'ordre végétal, animal, humain appartiennent à sa famille. Désormais, le voici privé des différents contacts. Les liens sont brisés sans abandonner derrière eux le moindre vestige.

Impuissant, vaincu, paniqué, le sujet assiste à un trépas s'étendant sur les deux rives qui auparavant se complétaient pour former une totalité. L'alliance des contraires permettait de jongler. En effet, les contraires animaient une réflexion qui maintenant se néantise.

Impossible de capter les signes, empreintes de quelque chose qui a été et n'est plus. Chercher sinon des sonorités, du moins leurs échos semble vain. L'oreille du dedans voudrait percevoir des résonances. Le regard intérieur souhaite se poser sur des yeux tournés vers un mystérieux dedans. Humer des parfums paradisiaques. Rêves ! Chimères ! Délires !

Les grands couturiers présentent des modèles, habillent et dénudent des corps féminins dont la beauté revendique parfois l'impudeur afin de mieux séduire. De même, les producteurs du spirituel, de l'intériorité créent des modes. Les vrais gourous mis à part, les pseudo-maîtres imitent les tailleurs renommés. Dans certains cas, en raison des prix exigés, s'élabore un commerce de luxe. Il comporte l'apprentissage de la méditation, de la concentration, relaxation, sans oublier parfois l'usage d'un occultisme primaire. Les techniques, yoga, zen, apparaissent souvent confondues avec les traditions religieuses. Recourir à l'Orient semble exiger l'abandon du précieux héritage occidental judéo-chrétien. Ignorance totale des différentes cultures. C'est avant tout cette carence qui explique – sans justifier – les divers engouements favorisant les mélanges et l'exploitation d'une majorité d'illettrés touchants par leur confiance enfantine. Toutefois, ces multiples modes de corruption sont plus graves que celles qui aboutissent dans le monde des affaires à des mises en examen et à des procès soumis à une justice freinée parfois par les divers travestissements d'une impossible liberté.

Quelques écrivains dénoncent ce commerce illicite concernant de fausses spiritualités. Lorsqu'on retire un produit des pharmacies, il est le plus souvent remplacé par la fabrication d'un autre auquel ont pu aboutir des chercheurs. A l'égard des spiritualités, l'existence n'est pas mise en danger, d'où l'aisance des diverses falsifications dont l'usage clandestin apparaît camouflé avec art.

Tout n'est pas corrompu. Les exceptions sont nombreuses.

Toutefois, leur sérieux et leur discrétion ne sauraient s'afficher. Ce qui est valable peut sembler clandestin.

Avoir l'expérience de ces multiples décès – précédemment décrits – permet d'en comprendre l'ampleur. Ce n'est pas à travers la psychanalyse qu'il deviendra possible de saisir les causes de cet ensevelissement total. Se culpabiliser, s'interroger sur sa conduite dans le quotidien serait le plus souvent privé de sens. Le contentement de soi-même et le repentir offrent des analogies. Ils émanent l'un et l'autre d'une importance que l'on se donne momentanément ou encore d'une façon durable.

Une réalité est là, écrasante comme un rouleau compresseur. Tout a été dégagé dans l'aire de la mouvance personnelle, tel un champ d'ordures ménagères entièrement nettoyé, passé au peigne fin, ne laissant qu'une terre nue, désertique faite de sable ou de pierres.

La sonnerie d'un glas – entendu au début de ce processus de dépouillement – s'est tue. Aucun tintement. Le rien est dépourvu de sonorité.

Vertige suscité par l'abîme du rien. Le néant accable, pétrifie, suce l'existence, l'absorbe en l'égorgeant. Le sang manifestant la vie ne s'écoule pas. Tout est fossilisé. La pierre hurle dans la nuit. De même le grain de sable désertique gémit. Parfois, durant les jours d'automne et surtout d'hiver, le vent s'exprime : il pleure, sanglote et se répand en de multiples cris. Au loin, dans les campagnes, seulement l'aboiement d'un chien, le hululement d'une chouette.

Dans ce nouveau désert, tout est muet. Aucune vibration ne brise le silence. « Un silence de mort ! »

Faisant l'expérience de cet abyssal silence, le sujet s'interroge : suis-je mort ? Ai-je trépassé sans en avoir conscience ?

Puisque rien ne subsiste, si je ne suis pas encore décédé, est-ce que je ne devrais pas m'évader volontairement de ce vide ?

Pour certains, la pensée du suicide, semblable à un insecte, telle une grosse mouche, se pose ici et là en brisant momentanément le silence.

Un navigateur solitaire devient la proie d'une violente tempête. Les intempéries ont brisé en partie sa barque. Il n'est plus maître à bord. Impossible de faire face à la dérive de son esquif. Plus de nourriture pour s'alimenter. Sur la mer démontée, aucun navire n'apparaît. Attendre... Attendre un secours illusoire. Plonger dans les flots mettrait fin à l'angoisse.

La tentation de disparaître s'éloigne et se joint aux diverses ombres sans laisser de traces derrière elle. Pas de fantômes...

Se remémorer des lectures, évoquer des auteurs aimés qui ont tenu un rôle important dans la construction de la personnalité. Susciter la vision de beaux paysages, sculptures, tableaux ; l'écoute de mélodies. Vains efforts.

Des ignorants peuvent émettre des suggestions. Dans de tels cas, pourquoi ne pas appeler autrui au secours. Erreur ! Des hommes diraient : « En vieillissant, il est devenu fou. Le voici refusant ce qu'il adorait. » Or rien n'est renié. LE VIDE NE SAURAIT DEVENIR LE SUJET D'UN RENIEMENT.

D'autres proclameront l'accès à la prière : « Du fond de l'abîme, j'ai crié vers toi » (Ps 130,1). Le « toi » suppose un « moi », l'emploi d'un « je ». Le moi étant défunt, le « je » est privé de sens. La connaissance de soi ? Bulle de savon ! Pas tout à fait : celle-ci a l'avantage d'abandonner des gouttes d'eau après avoir éclaté. Ici, sécheresse. Trop souvent l'Éternel a été remplacé par des idoles. Le contexte dans lequel l'existence se déroulait précédemment apparaît soudain malaxé d'artifices.

Pas de cimetière ni de pierre tombale recouvrant une forme transitoire de rêves, imaginations, souvenirs, amours. Ce désert a dévoré tout ce qui était superficiel : projection de désirs non comblés, souhaits avortés, fausses recherches spirituelles. Un monde d'apparences pris au sérieux s'évanouit.

Des béquilles aidaient à marcher ; baptisées « jambes », elles permettaient de se mouvoir. Les communications avec autrui entretenaient des échanges et des questionnements. La bonne ou la mauvaise conscience, autant d'alternances fallacieuses. Le sujet n'a rien voulu volontairement détruire. Non seulement le séisme a tout ébranlé, mais il a définitivement aspiré les vestiges d'un passé et d'un présent.

D'où l'entrée subite dans l'anonymat. Aucun pseudonyme. Absence de tout nom. Cette perte s'étend aussi à la profession, au dire, à l'écriture. Page blanche sur laquelle rien ne peut désormais s'inscrire. Silence...

Un tel dénuement ne présente aucun rapport avec la « sécheresse » spirituelle éprouvée et décrite par certains mystiques. Le détachement imposé au-dedans est d'un autre ordre.

Soudain, d'une façon imprévue, le désert disparaît. Sorte d'engloutissement. Lui aussi est néantisé. Désormais le sujet flotte, semblable à une feuille d'arbre brûlée par le soleil que le vent soulève à son gré.

Le temps s'annule. L'histoire aussi. L'homme, devenu anonyme, bascule dans une extrême solitude. Plus de voie ni de voix. Rupture entière à l'égard des vibrations sonores. Surdité et cécité s'accompagnent. Aucun chemin devant ou derrière soi.

Durant ce long processus, le sujet cherchait parfois à

s'agripper. Il s'accrochait à n'importe quoi. Le rien, la nudité n'offrent aucune prise. Celui qui désormais est privé de regard et d'entendement perçoit soudain en lui un vacillement. Quelque chose bouge, s'anime : mystérieuse éclosion d'une magnifique abondance [40].

La montagne et l'extase

L'escalade de la montagne intérieure favorise l'extase. D'après son étymologie grecque *ek-stasis,* l'extase signifie évasion, sortie, exode. Pour l'*homme-montagne,* l'essentiel consiste dans la sortie de soi-même. Lorsque l'homme renonce à lui-même et se quitte, il parvient à une autre dimension : celle de la résurrection. De ce fait, la « grande mort » se trouve dépassée, elle est derrière soi. La « petite mort », correspondant au décès, consiste dans le rejet d'une forme.

Lors des sujets particulièrement importants, il convient toujours de se référer à la profonde ampleur de la pensée juive. Dans *Les Grands Courants de la mystique juive,* G.G. Scholem fait allusion aux premiers mystiques juifs qui formèrent une fraternité à l'époque talmudique et post-talmudique. Utilisant le langage de leur temps, ils évoquèrent l'ascension de l'âme vers le trône céleste. D'où leur vision extatique et leur entrée dans les mystères du Royaume [41]. Plus tard, les mystiques appartenant au hassidisme auront recours à une terminologie totalement différente pour rendre compte de leurs expériences.

Entre le mouvement concernant la première mystique juive (un siècle avant l'ère chrétienne) et le kabbalisme médiéval, il se déroula une dizaine de siècles. Certes, la mystique juive n'est pas indépendante du syncrétisme provenant à la fois de la Grèce et de l'Orient. A cet apport, il convient d'ajouter le rôle des œuvres pseudépigraphiques et apocalyptiques. C'est à travers ces diverses périodes que le thème de l'ascension sera brièvement envisagé.

Dans la mystique de la Merkaba, l'ascension, conduisant vers les palais célestes, fait partie d'un voyage précédé de pratiques ascétiques. D'où l'importance du jeûne et de la prière. L'homme se tient la tête entre les genoux tout en récitant des hymnes. Peu à peu, il lui semble percevoir des demeures et visiter des palais...

Selon le hassidisme [42], l'extase s'étend sur deux niveaux distincts : celui du mental et celui du cœur. L'un et l'autre, telle une échelle, se divisent en plusieurs degrés correspondant à des étapes progressives. Le texte d'un psaume donne à cette démarche la plénitude de sa signification. « Le Seigneur réside dans les hauteurs. Et il ne voit que celui qui est humble » (Ps 138,6) [43]. Invisible, l'Éternel n'est pas un sujet de vision. Symboliquement, il se tient sur un sommet. C'est en montant vers lui que l'homme pénètre dans son espace. Auparavant, il échappe au regard divin. Dans la mesure où l'homme escalade la montagne intérieure, il se rapproche de la vue divine. L'important consiste à être vu de Dieu. Or seule l'humilité comporte l'entrée dans un espace sacré. L'arrogance, l'orgueil, le gonflement du moi rendent l'homme invisible. Il serait possible de dire que Dieu ne punit pas le mal. Le péché de l'homme consiste à sortir de la vue de Dieu. Se soustraire au regard divin projette dans le malheur d'un irrémédiable isolement. La sagesse et la sainteté de l'existence permettent d'avoir accès à cet espace. Échapper à la vision de Dieu a pour effet de se punir soi-même. En pénétrant dans l'ombre, l'homme se prive de lumière.

Ne pas être vu de Dieu fait sortir de la condition humaine.

L'homme s'apparente désormais à un sous-animal. Quant à l'humilité, elle correspond à une situation exacte, la seule convenant à la dimension humaine. Selon la pensée judéo-chrétienne, l'homme, prisonnier de son ego, s'affranchit de son esclavage en s'orientant vers le divin. L'Éternel ne s'impose pas. L'homme est libre de le refuser, ou encore de vivre si éloigné de la condition divine, qu'elle lui devient inaccessible.

Celui qui est parvenu à l'extase du cœur et de l'esprit ne possède aucune conscience de la supériorité de son état. De même que l'orant n'a pas à savoir qu'il prie, l'homme plongé dans l'extase se tient en quelque sorte absent de lui-même. Son état d'humilité lui interdit d'éprouver la moindre satisfaction le concernant. « Plus on est indigne et méprisable à ses propres yeux [...] plus le cœur devient un vase capable de retenir l'extase divine [44]. » Ainsi « l'absence de conscience de soi » correspond à un « anéantissement de soi [45] ».

Durant le parcours, les dangers sont nombreux. Enfantés par l'ignorance et l'orgueil, ils apparaissent difficiles à éviter. Chez les jeunes gens, et cela est naturel, les appétits de domination ne cessent de s'exercer. L'instinct de supériorité prend une forme différente chez les adultes. Pour certains tempéraments, renoncer à être utile devient une rare performance. Donner des conseils, tenter d'influencer autrui provient soit du besoin de s'affirmer ou encore de la nécessité de camoufler une faiblesse passagère, voire un désarroi. A l'opposé, « réfléchir à son néant serait attirer l'attention sur son moi. Or celui-ci doit être " néantisé " au point qu'on ne puisse même plus considérer sa propre indignité [46] ». Ainsi, les opposés révèlent des dangers auxquels s'exposent l'ignorant et celui qui possède un certain savoir.

A un degré moins grossier, relevant d'un passage de l'épais

au subtil, se présente l'enseignement susceptible de favoriser l'extase. La parole précède le silence et lui sert de marchepied. Ainsi l'ampleur du silence et sa résonance dépassent l'écho des paroles et leur prolongement dans les mémoires et les cœurs. Toutefois, l'individu privé de l'expérience essentielle, celle de l'accès à la montagne du dedans, éprouve la nécessité du cliquetis des mots. Il risque de ne pas saisir le contenu des termes employés. Mais il devient sensible au cheminement des échos pouvant se prolonger en lui et se modifier suivant les degrés de sa somnolence. Le silence provoque un éveil supérieur à celui atteint par le langage.

Lorsque les Lévites chantaient les psaumes dans le Temple, leurs paroles entendues « correspondaient au troisième degré de l'extase du cœur [47] ». Quant à Moïse, il n'était pas « un homme à paroles ». Il avait « la bouche pesante et la langue embarrassée » (Ex 4,10 [48]). Le degré de sagesse qu'il avait atteint dans l'esprit ne pouvait « s'exprimer que par un chant sans paroles [49] ». D'après la tradition rabbinique, « on doit étudier la Torah en en prononçant effectivement les paroles à haute voix. Les " sujets révélés " désignent le Talmud et les Codes ; les " sujets cachés " sont les enseignements de la Kabbale et du hassidisme [50] ».

La contemplation des profonds mystères convient à ceux qui s'adonnent à l'escalade de la montagne intérieure. Un instant survient durant lequel « la lumière divine peut être " vue ". Le hassid conscient d'être en extase n'est pas encore parvenu au degré de l'extase vraie, car le moi constitue une barrière [...] un " quelque chose " qui fait échouer le but de la contemplation, à savoir la perte du moi dans *ayin,* le " Rien " divin [51] ». « L'extase authentique n'implique aucun phénomène paranormal [52]. » A une époque où l'occultisme prend une grande extension, cette affirmation possède son importance.

André Neher a parlé du *temps mystique* : « C'est le temps de l'extase, de l'homme qui sort de soi-même, de sa condition et, par conséquent, du temps. Ce n'est pas de temps qu'il faudrait parler, mais plutôt d'expérience, d'une expérience ponctuelle, opposée à l'expérience étalée du temps [53]. » Ce temps est véritable et non illusoire, il exige dans son point central la rencontre de l'Absolu et du relatif ; il se meut dans un mouvement vertical, il désigne un temps vivant.

« Du point de vue de l'histoire des religions – précise Mircea Eliade – le judéo-christianisme nous présente l'hiérophanie suprême : *la transfiguration de l'événement historique en hiérophanie*. Il s'agit de quelque chose de plus que la hiérophanisation du Temps, car le Temps sacré est familier à toutes les religions. Cette fois, c'est l'événement historique comme tel qui révèle le maximum de trans-historicité : Dieu n'intervient pas seulement dans l'histoire, comme c'était le cas du judaïsme ; il s'incarne dans un être historique [...] l'existence de Jésus est une théophanie totale ; il y a là comme un audacieux effort pour *sauver l'événement historique* en lui-même, en lui accordant le maximum d'être [54]. » Et la connaissance de ce « maximum d'être » engendre l'extase, la sortie de soi.

Montagne et poésie

Le lecteur pourrait s'étonner de l'importance donnée à la poésie à propos de la montagne. Suivant Joubert *(Pensées)*,

« Les poètes doivent être la grande étude du philosophe qui veut connaître l'homme ».

D'après Heinrich Harrer, Milarepa serait le « premier poète de la montagne ». Appartenant au XIIe siècle, il habita dans différentes grottes de l'Himalaya, entre l'Everest et le Dhaulagiri. Âgé, il dicta à un de ses disciples un chant de louange, dédié à son ermitage, face à l'Himalaya :

Ô ermitage dans le désert de la montagne,
où les glorieux Jina atteignent la Bodhi,
séjour où demeurent les hommes saints,
solitude où je suis le dernier être humain !
Roche Rouge de Chonglung, aire de l'aigle,
au-dessus de toi les nuages du sud amassés,
à tes pieds la fuite sinueuse des rivières,
le vautour plane et tourne dans les airs ;
murmure des forêts aux espèces nombreuses,
les arbres de la splendeur se balancent
à la manière des danseurs [55]...

Considéré comme un saint, le souvenir de Milarepa demeure encore vivant. Des moines et des religieuses habitent dans les grottes où il médita [56]. Les ermitages de Milarepa ne furent pas détruits par les gardes rouges chinois. Plusieurs réfugiés racontèrent à Harrer l'histoire suivante : des Chinois avaient bivouaqué un soir au pied du monastère de Milarepa qu'ils comptaient anéantir dès le lendemain. Durant la nuit, un violent orage provoqua une inondation. La destruction projetée ne put avoir lieu [57].

Les Chinois aiment les montagnes. Volontiers, ils en célèbrent la splendeur. Grands voyageurs, capables d'escalader les cimes, de retenir les détails pittoresques des formes, ils chantent l'originalité des monts. De même, les peintres et les poètes, avides de beauté, savent évoquer le mystère des hauts pics plongeant dans le ciel. Échelles reliant deux dimensions, qui, loin de s'affronter, se rencontrent et s'épousent. Ce propos concerne l'ancienne Chine, avec ses sages et ses artistes, doués d'une merveilleuse finesse.

Xu Xiake (1587-1641), dont le surnom « homme de brume » signifiait son attirance pour les aubes et les crépuscules, fit le vœu, dans sa jeunesse, de visiter les cinq monts sacrés. Renonçant à une carrière littéraire, il explora des sites fameux, que nul n'avait auparavant visités. Maintes fois, il se trouva dans la nécessité de se défendre contre les attaques des tigres, des loups et des brigands [58]. Cet homme intrépide a relaté avec intelligence ses déplacements. Son *Journal* est en effet rempli de renseignements sur ses diverses pérégrinations. Les dix-sept *Relations de voyages* aux monts célèbres sont particulièrement significatives.

Concernant les montagnes sacrées, quelques détails seront retenus. Ainsi le mont de la Terrasse céleste, au Zhejiang, fut longtemps considéré comme un centre bouddhique. Un taoïste réputé, Ge Hong (284-362), vantait les vertus alchimiques de cette montagne. Des hommes voués à la recherche de l'immortalité habitaient sur ses flancs. De nombreuses légendes flottaient autour de la présence passagère de moines fabuleux pourvus de pouvoirs étranges du fait de leur sainteté. A la suite d'une prédication, une pluie de fleurs tomba sur la région ; un moine changea le cours d'un fleuve [59]. Au VIIe siècle, trois ermites « passablement extravagants » vécurent au temple de la Sérénité. Poètes, hirsutes, hilares aux yeux des visiteurs, ils étaient doués de charisme. Des anecdotes savoureuses furent propagées par les rares habitants et visiteurs des montagnes sacrées. Ainsi, une aiguille montagneuse isolée, dont le sommet revêtait la forme d'un siège, avait la réputation de recevoir chaque année un « immortel ». « Le 15 de la 8e lune », celui-ci passait en volant, puis s'asseyait durant quelques instants pour admirer le panorama [60]. Ensuite, il disparaissait.

Deux hommes auraient gravi une montagne pour cueillir des simples. S'étant égarés, privés de nourriture, ils trouvèrent des pêches près d'une source et en mangèrent. Peu après, ils rencontrèrent des fées qui les convièrent à leurs propres noces. Un an et demi passa... Les deux hommes prirent la décision de revenir chez eux. A leur retour, grand fut leur étonnement. Personne ne les reconnaissait. Quant à leurs familles, leurs descendants se trouvaient à la septième génération depuis leur départ [61]. De nombreux récits, appartenant au folklore, remplissent une fonction initiatique et provoquent l'affranchissement de l'histoire. Le temps se dilate. Ce déploiement correspond à l'acquisition d'un état paradisiaque [62]. Du fait d'une indiscutable sacralité, les propos concernant les cimes montagneuses offrent un éventail d'enseignements.

Le lecteur des *Randonnées aux sites sublimes* subit un enchantement. Il éprouve la certitude que seul l'homme éveillé au-dedans devient en capacité de percevoir et de savourer la beauté. La nature, en particulier la montagne, ne révèle ses secrets qu'à ceux qui, devenus capables de contemplation, acquièrent une dimension intérieure nouvelle. La découverte d'une mystérieuse splendeur exerce une fonction révélante. A cet égard, des récits, d'origine chinoise, présentent un enseignement identique à celui de Platon et aussi de Plotin. Durant la montée, à l'approche d'un sommet, il survient un instant où les divergences s'annulent. Et cela indépendamment des époques, des races, des traditions et religions. La communication des secrets semble impossible.

Ainsi le « dire » est absorbé par le silence. Les légendes et anecdotes ont pour effet d'être uniquement comprises par des « immortels », c'est-à-dire par des individus éveillés. Dans l'impossibilité d'utiliser l'habituel langage, la nécessité de recourir à des récits mythiques s'impose. Sur un tel sujet, l'Orient l'emporte sur l'Occident. Ceux qui appartiennent à la conscience commune considèrent ces récits comme des balivernes. Les hommes éveillés ne se gaussent point. Ruminant les historiettes, grâce à l'intelligence du cœur, ils en découvrent peu à peu le contenu.

A cet égard, la description concernant le mont de la Splendeur apparaît particulièrement séduisante. Le sommet du mont Hua se perd dans les nuages. Il évoque des « pétales de lotus ». Les pics qui l'entourent ressemblent à des « pétales suspendus dans les airs ». « Beauté sublime ! » Lorsque « les nuages vagabonds » se déplacent, un soleil éclatant apparaît. Dans la lumière, « les monts embrumés rivalisent de beauté ». Le voyageur aurait envie de « danser » pour exprimer la magnificence du paysage [63].

Dans ces pages, le mot « beauté » revient fréquemment. Sorte de répétition litanique créant un état intérieur en capacité d'émerveillement. La montée décuple l'intensité du regard. Le langage de la montagne se trouve perçu par l'ouïe du dedans. Le murmure des pierres et des torrents est entendu. Une communion intérieure s'établit avec l'âme de la montagne. La sérénité des monts s'insinue subrepticement dans l'homme et le fait participer à un bonheur subtil.

Peu importent les lieux géographiques des montagnes. Leurs noms indiquent le sens de leurs messages. Ainsi le « mont de la Suprême Harmonie » était considéré comme une « terre sacrée du taoïsme ». Le pic du Pilier céleste culmine seulement à mille six cents mètres. L'altitude ne remplit pas un rôle majeur. Un dépassement de la matérialité se produit. Les ermites, les moines ont parfois laissé des empreintes de leur passage. Le lecteur peut se poser une question : la sacralité de la montagne a-t-elle pour effet d'harmoniser ceux qui l'habitent et de modifier l'état intérieur des voyageurs qui la traversent ? Ou bien s'agit-il des traces bénéfiques laissées par les générations d'ermites qui se fixèrent momentanément ou d'une façon durable sur les versants et les sommets ? Lorsque l'homme est harmonieux en lui-même, il apparaît semblable à une fenêtre ouverte recevant l'air du dehors. Celui-ci n'est pas vu, seule son odeur pourrait le personnaliser. De toute façon, il se mélange avec celui respiré dans une demeure. Une distinction se révèle impossible. Ainsi, lorsque l'homme s'émerveille devant la splendeur de la nature, la beauté l'habite ; il la reçoit à la façon d'un vase se remplissant d'un liquide précieux dont la présence l'enchante et gomme momentanément ses soucis. Du moins l'angoisse s'allège en cessant d'envahir la mémoire. Parfois le passé surgit, les roches imprégnées susurrent des souvenirs qui deviennent comparables à des sources. Celles-ci s'écoulent en apaisant la soif des hommes altérés de beauté.

En dehors du bruissement des sources et aussi des torrents, la montagne semble silencieuse. Cependant, certaines oreilles apparaissent susceptibles de percevoir son chant. Fascinant, il transporte. Une expression, appartenant aux anciens auteurs chrétiens, pourrait ici s'employer : celle de « sobre ivresse ». Elle a pour effet de provoquer un état différent, mais passager, durant lequel un déchiffrement s'opère à l'égard des secrets cachés aux regards de la multitude. Grâce « au jeu des brumes et des nuages sur [...] les cimes [...] le moutonnement de ces vapeurs donne l'impression d'un océan [64] ». Ainsi tout se conjugue pour suggérer une lecture différente susceptible de faire surgir un nouvel enthousiasme [65].

Une *Anthologie de la poésie chinoise classique* a été publiée sous la direction de Paul Demiéville [66]. Dans sa Préface, celui-ci décrit les caractères fondamentaux et l'originalité des poèmes chinois. Très anciens, datant d'avant notre ère, certains auteurs ont célébré, avec enchantement, les fleurs, les oiseaux, les montagnes, les lacs, et parfois « le " nuage blanc ", à la dérive dans le ciel ». Constamment louée, la lumière lunaire présente mille reflets divers. Ainsi « la lune dans l'eau » signifie l'illusion universelle sur laquelle le bouddhisme ne cesse d'insister. Selon Paul Demiéville, il importe de parler de « la montagne, que la Chine a découverte deux mille ans avant nous et que ses artistes ne se lassent pas de chanter et de peindre [67] ». D'où ces citations retenues sans qu'il soit toujours nécessaire de préciser les noms d'auteurs :

A propos de l'esprit de la montagne :

Il semble qu'il y ait quelqu'un au creux du mont,
Vêtu de lierre, ceinturé de cuscute [*plante parasite*].
Un léger sourire en son regard [68]...

Solitaire je me dresse au sommet du mont ;
Les nuages sous moi glissent avec lenteur.
Le soleil s'est caché : il fait noir en plein jour [69].

Un empereur souhaitait connaître le contenu d'une montagne. Il interroge un homme retiré sur un de ses flancs. Répondre à une telle question se révèle impossible :

Ce qu'il y a dans la montagne ?
Sur les cols des nuages blancs...

Je ne puis qu'en jouir tout seul,
Et ne saurais vous les donner[70].

D'où cette description :

Entre monts et vallons, s'épure un paysage clair ;
Et la clarté du paysage sculpte les monts et les vallons.
Le vol des nuages blancs se teinte au crépuscule[71].

Après une excursion imaginative, le voyageur dit adieu au mont de la Mère céleste :

Les gens de Yue s'entretiennent du mont de la Mère céleste,
Qui, sous ses nuées de lumière ou d'ombre, est rarement visible.
Ce mont, qui monte droit au ciel, vers la constellation de T'ien-heng,
Dépasse les Cinq Pics sacrés et écrase le Rempart rouge.
Le mont de la Terrasse céleste, qui se dresse à quatre cent quarante-huit mille pieds,
Mis en face de celui de la Mère céleste, chancelle et s'incline vers le sud-est[72].

Des amis passent une partie de la nuit à boire :

L'ivresse venue, nous coucherons sur la montagne nue,
Avec le ciel pour couverture, et la terre pour oreiller[73].

Le poète célèbre volontiers « la lune des monts ». Quant à « l'oiseau des monts », il est troublé par son étrange clarté. Le jour, une luminosité très dense se répand :

Sur le sentier de la montagne, il n'a pas plu ;
Mais l'azur de l'espace inonde mes habits [74].

Au printemps, la montagne exerce sa séduction :

Que de spendeurs dans les montagnes, au printemps !
J'y prends tant de plaisir que j'oublie de rentrer pour la nuit [75].

Parfois la cime apparaît infranchissable :

Tout d'abord, on vous montre du doigt la montagne qui touche au ciel,
Et que le vol des oiseaux ne peut franchir.
Que c'est dur ! On trébuche sur de vertigineuses marches de roc :
C'est ainsi que je cheminai.
Sur le sentier aux cent détours, sans cesse agrippé par les mains,
Je me retournais, neuf pas sur dix.
Voici que soudain le précipice est à mes pieds,
Et que mes vêtements sont humectés par le brouillard.
Le soleil couchant m'éclaire encore,
Que déjà la nuit tombe sur la plaine [76].

Un torrent de montagne, tel est le titre donné à un petit ouvrage de Hsüeh T'ao [77], dans lequel, d'ailleurs, torrent et montagne sont rarement mentionnés.

Parlant de la beauté, le poète écrit :

Pour contempler ce paysage
j'ai gravi la montagne vide :

mille couronnes d'émeraude
coiffaient les cimes alentour [78].

La vision de la splendeur est parfois d'une grande brièveté :

...l'espace d'un éclair,
m'apparut la montagne bleue [79]

Quant à la montagne, elle demeure anonyme :

...pourquoi donc a-t-il fallu
donner un nom à la montagne [80] *?*

L'auteur fait allusion à l'automne. En septembre,

...la montagne est interdite
au moment où les chrysanthèmes
ont revêtu leurs habits d'or [81].

Des contacts intimes s'établissent parfois entre l'homme et la montagne. Celle-ci devient un lieu de métamorphoses. Souen Tch'ouo (314-371) fait allusion au montagnard :

Le cœur et les yeux brillant de la lumière du vide [82]

Selon Yen Yen-Tche (384-456), le chevalier :

Ennemi du commun, il fuit la multitude ;
Ami des solitaires, il cherche la montagne [83].

Quant à la poésie japonaise, elle tient aussi un rôle important dans la littérature. D'après G. Renondeau, préfacier et traducteur d'une *Anthologie de la poésie japonaise classique* [84], sa transmission s'est effectuée, durant longtemps, grâce à la seule tradition orale. Un lecteur, non spécialisé, serait tenté de rapprocher la poésie japonaise des poèmes chinois. Toute comparaison semblerait erronée. Les formes de civilisation de ces deux pays ont été différentes et l'étroit rapport avec le cosmos a donné aux poètes chinois une sonorité inimitable. Chaque peuple excelle dans la spécificité qui lui est propre et fait partie intégrante de la richesse de son héritage. La multiplicité des langages doit être respectée. Il en est de même pour les différentes formes de l'art, en particulier de la poésie, de la peinture et de la musique.

Le célèbre mont Fuji est chanté par Yamabe no Akabito (VIIIe siècle) :

Depuis que le ciel et la terre
Se sont séparés
En Suruga
Le haut pic du Fuji
Se dresse, sublime
Comme un dieu.
Quand je le regarde de loin
Dans la plaine du ciel,
Du soleil qui traverse l'espace
Il cache les rayons,
De la lune qui brille
On ne voit plus la clarté
Les blancs nuages
Hésitent à passer.
La neige y tombe
Sans souci de la saison.

Toujours on parlera de lui,
Ce haut pic du Fuji [85].

Et par Ariwara no Narihira (825-879) :

Insouciant de la saison
Est le pic du Fuji.
A quelle époque se croit-il
Pour que la neige qui tombe
Lui fasse un pelage de jeune daim [86] ?

L'archevêque Jien (XIIe siècle), directeur de la secte Tendai, souhaite aussi magnifier les cimes du Fuji :

Haut dans la plaine céleste
La fumée du Fuji
Flotte
Tel un brouillard du printemps
Parmi le ciel de l'aurore [87].

D'autres montagnes, moins célèbres, reçoivent les témoignages de leurs admirateurs, tel celui de Dame Otomo no Sakanoe (VIIIe siècle) :

A Karitaka
Le mont Takamato
Est-il si haut
Pour que la lune qui se montre
Ait tant tardé à nous éclairer [88] ?

Les cimes évoquent le ciel pour Otomo no Yakamochi (718 ?-785) :

Aussi lointaine que les cieux
Les montagnes sont hautes [89].

Selon Ariwara no Motokata (fin IXᵉ siècle, début Xᵉ) :

Au printemps le brouillard s'élève
Sur la montagne
Lointaine
Mais le vent qui en souffle
Apporte le parfum de ses fleurs [90].

Dans les textes japonais présentés dans cette anthologie, le facteur cosmique remplit un rôle important. Toutefois, les éléments de la nature servent souvent de cadre pour exprimer les sentiments personnels des poètes.

Quatrième partie

LA MONTAGNE INTÉRIEURE

Le mont de l'Initiation – La montagne du Temple intérieur – Le mont de la solitude – La montagne et le désert – Le vide – Sonorité – Apparition des ailes – Le mont de l'universalité – Le mont des Révélations – Le Dieu du mont des Mystères – Le mont des noces – L'émerveillement.

Je le dis à chacun : Il vit,
Il est ressuscité.

NOVALIS.

Le mont de l'Initiation

Parmi ceux qui ont pu avoir accès au mont de l'Initiation, il convient de retenir le nom d'Henri Le Saux. Le récit de son itinéraire est décrit dans son *Journal*. Le recours à l'écriture pour relater une démarche strictement personnelle peut étonner. Le scripteur se trouve dans la nécessité de noter ses allées et venues intérieures afin d'établir des points de repère. Il expose ses doutes, ses certitudes, les interrogations qui momentanément l'angoissent et le font quelque peu vaciller, ou encore lui apportent la plénitude d'une paix et d'une joie insoupçonnables avant de les avoir éprouvées [1].

Une Américaine, Bernadette Roberts, a récemment composé deux ouvrages : *Vie unitive. Aventure dans les profondeurs silencieuses de l'inconnu* et *Au centre de soi-même, l'expérience unitive* [2]. Dans ces études, l'auteur entreprend l'analyse minutieuse de sa démarche. Cet examen peut dérouter le lecteur.

En effet, l'essentiel échappe au dire ; le « secret du Roi » ne semble pas ici respecté. A cet égard, un texte de Pierre Gire éclaire le problème. Ayant cité quelques phrases de Maître Eckhart, il ajoute : « L'expérience mystique chez Maître Eckhart ne conduit jamais au dévoilement d'une histoire personnelle avec Dieu, de telle sorte que l'on pourrait penser que le Rhénan n'a pas connu d'expérience religieuse. La recherche de Dieu nécessite la mort de soi à travers la désindividualisation [3]. »

Convient-il de révéler ce qui relève uniquement de l'expérience ? Il en est ainsi pour ces déclarations : « En l'absence de moi personnel, il n'y a pas non plus de Dieu personnel [4]. » Et encore : « ... en vérité, Dieu n'est ni personnel ni impersonnel, ni intérieur ni extérieur ; Il est partout à la fois et nulle part en particulier. Pour dire les choses simplement : Dieu est tout ce qui Est – tout, bien sûr, sauf le moi [5] » ; « C'est comme si l'on était arrivé au sommet d'une montagne et que l'on se demande : et maintenant, où aller ? Que reste-t-il à accomplir ?... Parvenus à la cime, il ne nous reste plus qu'à redescendre, mais cette descente est en fait une sortie, une sortie de soi plus complète [6]. »

Ne pas oublier la singularité des expériences. Celles-ci peuvent accuser des similitudes, mais elles ne sont jamais répétitives. Suivant le niveau atteint, ce qui est vrai pour l'un est faux pour l'autre. Les pages sur le silence de Bernadette Roberts sont particulièrement importantes. Toutefois, le silence présente un visage différent pour chacun de ceux qui en font l'expérience.

A propos de l'initiation, une réflexion s'impose. Elle consiste à retenir les différentes interprétations de ce terme. Certaines personnes se considèrent comme des initiées grâce à l'enseignement d'un maître ou encore du fait d'une collectivité à laquelle elles appartiennent [7]. La véritable initiation ne comporte aucune attitude de supériorité à l'égard d'autrui. Toute suffisance serait la preuve d'un manque total de lucidité. Se croire capable de juger autrui résulte d'une incohérence. Or, dans les différents milieux voués à une acquisition d'ordre initiatique, la satisfaction éprouvée à l'égard de soi-même peut conduire vers une vanité aussi grotesque que dérisoire. Comment ne pas s'écarter de ces faux initiés dont un psychologue averti pourrait aisément démonter l'échafaudage d'autosatisfaction ? Les pseudo-sages et pseudo-initiés sont légion. Et il importe à ce propos de s'interroger soi-même. Se prendre au sérieux serait l'indice d'illusions plus ou moins savamment entretenues. Cette fausse initiation débouche sur une perpétuelle *grimpomanie*. Escalade fictive. La véritable montée ne conduit jamais à entretenir un sentiment de supériorité comportant le gonflement d'un moi dûment perturbé. L'outrecuidance du moi plonge dans un délire, c'est-à-dire dans un égarement de l'esprit. Cet état se reconnaît extérieurement non seulement aux propos tenus, mais aussi au susurrement se glissant dans la voix. Toute oreille, tant soit peu musicale, distingue la fadeur d'une sotte assurance. Elle ressemble à une fausse note dans l'exécution d'une mélodie.

La montagne du Temple intérieur

Le Temple spirituel se différencie du temple construit par des bâtisseurs [8]. Ce dernier concerne le culte et peut devenir un centre de pèlerinage.

Reconnaître la valeur du Temple spirituel ne peut convenir qu'aux individus susceptibles de saisir le sens de l'intériorité et capables d'œuvrer en eux-mêmes afin d'y avoir accès. Un texte évangélique indique le comportement qu'il importe d'adopter. Le temple extérieur symbolise celui du dedans.

Le Christ chasse les vendeurs du Temple (Mt 21,12 [9]). Eckhart (1260-1327 ?) a consacré un *Sermon* au récit de cette anecdote [10]. Selon le célèbre dominicain, expulser les marchands du Temple intérieur correspond au refus du créé. Faire le vide afin que Dieu soit l'hôte unique de l'âme. Le créé ne s'applique pas seulement au monde, il s'étend aux diverses représentations : images, symboles, signes. L'âme est créée – Dieu est incréé. Comment une rencontre peut-elle s'effectuer ?

Dans la Préface de ce *Sermon* d'Eckhart, la traductrice, Jeanne Ancelet-Hustache, retient les thèmes fondamentaux de l'exposé. Sa brève analyse permet d'éclairer les sujets essentiels. D'où ce passage : « Eckhart tente de faire comprendre ce que les mots humains ne sauraient pleinement exprimer : " Lorsque l'âme parvient à la lumière sans mélange, elle pénètre dans son néant, si loin dans ce néant de son quelque chose de créé qu'elle ne peut absolument pas revenir par sa propre force dans son quelque chose de créé. Il faut que Dieu l'y ramène. " L'âme pénètre dans la lumière sans mélange dans la mesure où elle prend conscience de son propre néant. Ensuite, elle parvient à saisir la mystérieuse parenté du " fond " de l'âme et du " fond " de Dieu [11]. »

Le créé ne peut se comparer à l'incréé. Pénétrer dans cette différence suppose un mûrissement de la vision de la condition humaine. Celui que Dieu visite se doit d'être *vierge.* Est *vierge* celui qui est totalement « dégagé de toutes images étrangères [12] ». Selon Eckhart, « ... il est dans l'âme une puissance qui ne touche ni au temps ni à la chair ; elle flue de l'esprit et demeure dans l'esprit, elle est absolument spirituelle. Dans cette puissance, Dieu verdoie et fleurit [13] ».

Lorsque l'âme accepte l'éloignement des vendeurs de son Temple intérieur, trois obstacles se trouvent abolis : la temporalité, la corporalité, la multiplicité [14]. « Quand le temps est-il accompli ? Quand il n'y a plus de temps. Pour celui qui, dans le temps, a mis son cœur dans l'éternité, en qui toutes les choses temporelles sont mortes, c'est la plénitude du temps [15]. »

Henry Corbin a étudié l'*imago templi* dans la *spiritualité du Temple* [16]. L'auteur utilise le terme de « hiérohistoire » à propos des événements dont la réalisation secrète s'effectue « entre le Ciel et la Terre », c'est-à-dire « au confluent des deux mers » selon le langage des « théosophes de l'Islam ». Ces « deux mers » désignent « l'intelligible » et « le sensible » [17].

Pour devenir capable de saisir le sens de *l'imago templi,* il convient d'échapper à « la noyade dans les eaux de l'Histoire, unidimensionnelle ». Ainsi « Moïse sauvé des eaux, c'est Moïse préservé du flux du temps de l'Histoire » qui appartient au « monde de l'exil [18] ». Henry Corbin cite un texte du prophète Ézéchiel (11,15-16) : « Je serai moi-même un temple pour eux. » Ce qui signifie l'identification de Dieu avec le Temple. Il ne s'agit pas d'un temple construit, mais d'un « Temple spirituel » signifiant « l'instauration d'une relation spirituelle et personnelle entre Dieu et son peuple [19] ».

Au Dieu-Temple correspond le Dieu-Montagne. Ensuite l'homme-montagne équivaut à l'homme-temple. Revenir aux propos d'Henry Corbin permet d'identifier l'*imago novi templi* avec l'*imago paradisi*. De ce fait la destruction du Temple revêtirait le sens de *sortie du paradis* [20]. Henry Corbin insiste sur le rôle de « la communauté essénienne de Qumrâm » et aussi sur « la communauté judéo-chrétienne primitive de Jérusalem » pour « maintenir l'idée et la nostalgie du Temple [21] ». Une nouvelle Révélation s'accomplit. Celle-ci ne comporte aucun nouveau livre qu'il conviendrait de déchiffrer. Cette Révélation accomplit la rencontre entre les communautés terrestre et céleste [22]. Quant au temple cosmique et au temple de l'âme, leur rapport s'établit grâce à la notion du macrocosme et du microcosme si chère aux auteurs du Moyen Age. Indépendante du déroulement de l'histoire, la liturgie de l'âme-temple se situe dans le mystère. Elle concerne « l'ascension du Temple céleste ».

« Le royaume de Dieu est au-dedans de vous. » Telle est l'affirmation du Christ rapportée par Luc (17,21). Mais, au cours des siècles, les hommes – sauf exception – n'ont jamais pénétré à l'intérieur d'eux-mêmes. C'est pourquoi ils ignorent la dimension divine. A cet égard, un texte d'Henry Corbin pose le problème et l'explicite magnifiquement :

« ... la plupart des hommes vivent en dehors d'eux-mêmes, malgré qu'ils ne soient jamais sortis d'eux-mêmes, pour la bonne raison qu'ils ne sont jamais rentrés en eux-mêmes [23]. » Comment parvenir à s'insérer dans l'intériorité ? « La vertu de l'*imago templi* [...] est de nous faire nous trouver à *l'intérieur de nous-mêmes hors de nous-mêmes* [24]. »

L'examen du symbole de la montagne permet de

comprendre la vocation de l'homme-montagne. Libéré de l'histoire, celui-ci pénètre – dans la mesure de son ascension – dans l'espace secret du mystère. L'approfondissement de ce mystère a eu dans le passé ses représentants, tels Origène, Grégoire de Nysse ; au Moyen Âge des béguines et surtout Maître Eckhart et Tauler. Il est normal que certaines Églises chrétiennes s'opposent à cette vision métahistorique. L'arrachement à l'histoire ne peut être vécu que par un petit nombre d'hommes. La majorité se trouve engluée dans le déroulement des événements historiques. A l'égard de ce grand nombre, l'homme ascensionnel ne cesse de prouver son amour et sa tendre compassion. Loin de se croire supérieur, il éprouve seulement sa différence.

Le mont de la solitude

« Le mystère intérieur appelle, d'une force déchirante, et nul être au-dehors ne peut m'aider à y pénétrer et à découvrir *pour moi* le secret de mon origine et de ma destinée. C'est à moi de découvrir ce secret... [25]. » Ce texte d'Henri Le Saux s'offre à la méditation.

La solitude ne résulte pas du fait d'habiter seul. Elle provient d'une réalité : privation de toute possibilité d'échange concernant l'essentiel. Voué à la profondeur, le véritable solitaire ne dispose d'aucun vocabulaire pour signifier son expérience. L'accès au fond se révèle intraduisible par des mots. Le voici condamné à se taire.

Lorsque l'homme voué à la montée plonge dans l'abîme de la solitude, il se trouve invité à l'écoute. Apprendre à entendre le doux murmure du dedans demande un perpétuel recueillement. Les prophètes de l'Ancien Testament prodiguent de judicieux conseils : « Prêtez l'oreille », recommande Isaïe (28,23) ; « Il [l'Éternel] éveille mon oreille pour que je l'écoute » (50,4). « Écoutez ma voix », demande Jérémie (7,23), c'est-à-dire : écoutez la voix de celui qui est votre Dieu. Les bruits des pensées, des désirs, des angoisses et des craintes couvrent la voix de l'Éternel. Durant la montée, l'ouverture de l'oreille devient progressive. Dans certains cas, il semble possible de s'affoler et de se dire : qui me parle au-dedans de moi ? Qui m'éclaire, me prend en charge d'une façon définitive.

L'écoute débouche souvent sur le silence. Rien n'est perçu. Imitation d'un mendiant à la recherche d'un peu de nourriture qui ne recevrait aucune aumône. Tendre l'oreille à la façon d'une main ouverte en attente d'un présent. Puis refermer les doigts sur le vide...

Une attente anxieuse serait la manifestation d'un manque de confiance. Lorsque la confiance se déploie, aucun déluge ou tempête ne pourra survenir. S'adressant à l'Éternel, le Psalmiste dira : « Tu les mets à couvert, dans l'asile de ta face » (31,21). Durant l'escalade, le montagnard pouvait dire : « Fais lever sur nous la lumière de ta face » (Ps 4,7). La solitude permet de passer du Dieu sur lequel on bavarde à l'évocation de la face divine dont la splendeur rend muet. Une lueur émanant de cette face divine, le plus souvent cachée, éclaire, par instants, celui qui se tient « solitaire et silencieux » (Lm 3,28). Les langages provenant du dehors et du dedans ne supportent aucune comparaison ; ils se distinguent totalement l'un de l'autre. Les premiers deviennent peu à peu privés de sens ; les seconds débordent de contenus.

De ce fait, la solitude s'engendre elle-même ; elle résulte d'une montée comportant un creusement. Escalade dans l'infini, gouffre... abîme.

Les différentes comparaisons ne peuvent correspondre avec la réalité. La solitude pourrait se rapprocher de la vasteté d'une aurore avec le mystère de la nuit et de la clarté. Ou encore participer à la fin du jour et à l'entrée de la nuit. Instants favorables à la communication entre l'Invisible et le Visible. Lorsque le Visible décline, l'Invisible apparaît. Il se montre en se déployant. Puis, à son tour, il se retire devant l'apparition de ce qui lui succède. Rien ne perdure d'une façon définitive.

La montée donne nécessairement accès à la solitude. Que le solitaire s'abandonne sans crainte, qu'il la considère comme sa bien-aimée, il sera aussitôt comblé. En effet, la solitude enchante ses vrais amis ; elle engendre une nouveauté d'existence. Chose curieuse et imprévue, la solitude ne cesse de se renouveler. Toujours neuve, elle supprime toute habitude. Sa richesse inépuisable suffit à la béance du cœur. Les découvertes se succèdent. La montagne intérieure offre ses multiples secrets au solitaire. Déchiffrements, lectures. Des secrets s'entrouvrent subitement. Puis de nouveau, les voiles se tirent. Sorte de clignements d'œil. Appels. Signes. Puis... absence totale.

Sur ce chemin conduisant à un dépassement de tout sentier, c'est à chacun de suivre l'itinéraire qui lui est proposé au-dedans. Toute hâte serait blâmable. L'important ne consiste pas dans l'accès à une cime. En effet, les cimes s'ajoutent les unes aux autres. Et cela, sans discontinuer. L'essentiel exige de ne pas suspendre la montée, c'est-à-dire le progrès.

Lorsque le solitaire progresse dans son ascension, il franchit une étape où le silence l'unifie et le fait devenir comparable « à une mer étale ». Le flot ne se retire plus... et ne recommencera pas à monter. État définitif – sans doute très rarement expérimenté – réalisé peut-être lors d'instants comparables à des éclairs. Il est probable qu'un silence envahissant provoquerait le décès ou encore la folie. Les avancées et les reculs font partie d'un déroulement de l'existence avec la nécessité d'alternances successives. La mobilité appartient au débutant et au progressant. Dans la plupart des cas, elle convient aussi au *pneumatique,* à celui qui est parvenu à la libération.

Les ignorants taxent d'égoïsme le solitaire. Un tel jugement s'explique. Comment pouvoir saisir la valeur de ce qui se montre insoupçonnable si on n'en éprouve pas la profonde qualité ?

L'ermite rencontre autrui, indépendamment du lieu où il se trouve. Et cela grâce aux « ailes du vent » (cf. Ps 104,3). L'Éternel fait « des vents ses messagers » (*ibid.,* 4). Les vents deviennent les intermédiaires du solitaire. Ils transportent le flux de son amour, le dynamisme des énergies qui l'habitent. Sans pour autant les nommer, l'ermite rend d'amicales visites à des inconnus.

Quand l'homme sort de la prison du moi, il lui serait normal de s'exprimer sur son évasion. Le passage de l'enfermement à la liberté le rend muet. Or le *fils du silence* est engendré par la solitude. La cime de la *montagne de la solitude* n'est jamais totalement atteinte. Au cours de la montée, le solitaire découvre des trésors insoupçonnés. Il va les regarder un par un. Sinon il succomberait. Incapable de contenir autant de richesses dans son cœur, il éclaterait ; non par manque mais par excès.

Le solitaire n'est pas obligatoirement un individu vivant seul ; c'est avant tout quelqu'un de totalement détaché de lui-même. D'une certaine façon, personne ne peut revendiquer l'état de parfaite solitude.

La montagne et le désert

Des correspondances étroites s'établissent aisément entre la haute montagne et le désert [26]. Tout d'abord leur mutuelle nudité. Aucune verdure sur les rochers, ni de végétation dans les déserts de sable ou de pierre. Nulle marque n'évoque sur les rochers le passage des montagnards. Dans les déserts, les traces des nomades sont aussitôt effacées par le vent. Ce visiteur, parfois indiscret, souffle sur les sommets et dans les déserts. Ailé, tous les lieux lui sont accessibles. Le vent du désert et des hautes altitudes ne transporte aucune semence végétale, à la façon de son frère jumeau ami des plaines et des vallées. Il véhicule un germe d'éternité, dont la fonction sera de rendre muet. Brutale, la tempête pourrait renverser, faire dévisser le montagnard, rendre sa démarche impossible. L'homme du désert peut se trouver aussi dans l'obligation de suspendre, d'une façon momentanée, son cheminement ; il risque surtout de se perdre.

Aucune habitation stable n'est possible sur un sommet ou dans un lieu désertique. La tente remplace la maison ; elle se monte et s'enlève avec facilité. Le montagnard et le nomade se déplacent sans porter le moindre bagage susceptible d'entraver leur démarche. Quant à leurs mains, elles sont nécessairement vides. Ouvertes uniquement à l'égard de l'instant présent, elles ne contiennent ni passé ni avenir. De ce fait, la mémoire s'allège des souvenirs ; rénovée, elle devient une outre neuve [27]. D'où l'emploi de : « En ce temps-là » *(in illo tempore) ;* « Il était une fois ? » N'étant plus un réservoir, la mémoire filtre sans retenir. Le temps correspond à l'instant présent toujours nouveau. Rien de refoulé ne saurait subsister.

Une réalité, d'une extrême importance, s'impose sur une cime élevée et aussi au désert : dans ces lieux solitaires, l'Éternel peut faire entendre sa voix. Perçue, suivant la qualité de l'entendement, elle stimule. Parfois le doux murmure d'un appel exige une réponse immédiate : un « oui » confiant et fidèle. L'émission divine n'est pas obligatoirement sonore. Elle peut échapper à l'oreille extérieure pour atteindre uniquement celle du cœur. A cet égard, dans la Bible, les exemples apparaissent nombreux. Le message, perçu dans un désert ou sur un sommet, n'est jamais *collectif*. Il s'adresse nommément à quelqu'un à titre *personnel*. Dialogue, dans certains cas. Au-delà d'un échange humano-divin, un dévoilement s'opère. Le mystère ne livre pas son contenu. Une transparence se manifeste. Elle témoigne d'une Présence. La lumière n'est pas forcément abondante. Une lueur suffit [28]. Un émerveillement se produit. Durant un instant fugitif, quelque chose est compris. La raison n'intervient pas, ni le mental. Le cœur pourrait s'éprouver concerné. Cela n'est pas obligatoire. Le sujet ne souhaite guère préciser le contenu de son expérience. Le voudrait-il, qu'une telle réflexion lui serait impossible.

Une différence fondamentale distingue le *désert* de la *montagne du Fond*. Le désert se traverse. Avant de le quitter, il n'est plus pour le nomade un lieu d'épreuves. Devenu jardin, tout s'est transformé en nourriture. Rassasiement pour le corps, l'âme animatrice, le cœur et l'esprit. Le nomade participe à cette mutation en passant de l'obscurité à la lumière. Il a pu souffrir de la soif. Désormais le voici abreuvé. Le prophète Isaïe a parlé de « la terre desséchée changée en sources d'eau » (35,7).

Le détachement produit une métamorphose. Le désert correspond à une absence du monde extérieur. Lorsque l'extériorité manque de pâture, l'intériorité germe. L'éveil introduit dans l'inconnu, la vacuité, la vacance conduisant à un au-delà des formes. Le dynamisme du vide s'impose, son extrême mobilité surprend. Dans le désert, l'homme apprend à écouter intérieurement, au-delà des sons et des formes. Ainsi, pour le nomade, le désert devient un lieu d'éveil à la dimension divine. Désormais, le voici un homme rénové, conservant sa personnalité distincte de sa vocation propre.

Rigoureusement différente, se présente l'expérience de l'accès à la *montagne du Fond.* Le montagnard a fait l'escalade de la cime de sa dernière montée. Il n'en reviendra pas, à la façon d'un visiteur qui va et vient. Ayant basculé dans un abîme, il n'y a plus de retour. La fulgurance de l'éveil éprouvé a eu pour effet de le faire absorber par le divin. La dimension divine s'écoule désormais en lui.

Dans le désert, il s'agit de « noces » entre les dimensions humaine et divine. Un texte d'Osée (2, 16, 18) l'affirme :

C'est pourquoi, voici que moi je l'attirerai
et la conduirai au désert,
et je lui parlerai au cœur ;
....
En ce jour-là [...]
tu m'appelleras : « Mon mari. »
....
Je te fiancerai à moi pour toujours ;
je te fiancerai à moi dans la justice et le jugement,
dans la grâce et la tendresse ;
je te fiancerai à moi dans la fidélité,
et tu connaîtras YHWH.

Lors de l'accès à la *montagne du Fond,* l'homme ignore ce qui va survenir. Rien ne peut être dit.

Le désert et la montagne s'accouplent. Encore une fois, la nudité du désert accompagne l'escalade. La plénitude de la lumière relève à la fois du désert et de la montagne. L'obscurité d'un sommet très élevé apparaît différente de la nuit passée dans un désert. Intériorisées, lumière et nuit sont vécues de façons diverses. Les fantasmes, l'imagination relèvent principalement de la terre désertique.

La véritable vision et le dépouillement total s'accomplissent lors de l'accès à la *montagne du Fond.* Il est très rare que l'homme puisse passer de la psyché au pneuma, de l'âme à l'esprit. La lumière attire la lumière. L'auteur de l'ouvrage sur l'extase dans le hassidisme, Dov Baer de Loubavitch, évoque un paradoxe kabbaliste selon lequel « seul le " vase " déjà plein de la lumière divine peut recevoir davantage de lumière [29] ». Les évangélistes Matthieu (13, 12) et Marc (4, 25) rapportent une parole attribuée au Christ : « On donnera à celui qui a [...] mais à celui qui n'a pas, on ôtera même ce qu'il a. » Lorsque le Christ veut s'éloigner de la foule, il se retire sur une montagne. En effet, la majorité des hommes n'est pas attentive aux mystères. Incapable de s'en approcher, ses sens intérieurs somnolent. Dans la Bible, le vase d'or se distingue toujours du vase de terre. N'ayant qu'une existence éphémère, ce dernier est brisé.

Moïse arrive avec les enfants d'Israël dans le désert de Sinaï pour y camper. Ils se tiennent au pied de la montagne. « YHWH appelle Moïse du haut de la montagne » (Ex 19,3). Trois jours après, la montagne tremble et fume, YHWH descend sur le sommet du Sinaï, il appelle Moïse et lui demande de « monter vers lui » (Ex 19,16 sv.). Suivant le livre des *Nombres* (27, 12), YHWH dira à Moïse : « Monte sur cette montagne d'Abarim. » L'Éternel annonce à Moïse qu'il va mourir. De la montagne d'Abarim, sur le mont Nébo (Dt 32, 49), Moïse regarde le pays de Chanaan, que l'Éternel donne aux enfants d'Israël. YHWH prévient Moïse : « Tu mourras sur la montagne où tu vas monter [...] de même qu'Aaron, ton frère, est mort sur la montagne de Hor » (Dt 32, 50). Moïse contemple la *Terre promise* sans pouvoir y pénétrer [30].

Durant son cheminement ou sa montée, le nomade et le montagnard ont été aidés par des signes. Plus ou moins capables de les déchiffrer, ils tentaient d'en interpréter le sens. Les symboles exerçaient leur fonction d'intermédiaires, ils stimulaient leurs pas.

Sortir de l'ignorance, de la cécité intérieure et de la surdité qui l'accompagne provoque un total abandon des images. Celles-ci appartiennent au temps et à l'histoire. Or l'homme qui accède à la *montagne du Fond* se tient en dehors de leur déroulement. Bernard de Clairvaux le savait. C'est pourquoi il rejetait les ornements chers aux clunisiens. La nudité des cloîtres incitait les moines à opérer un dépouillement intérieur.

Extérieurement, l'homme éveillé ne laisse rien apparaître volontairement. Seuls les libérés de l'ignorance se reconnaissent entre eux. Il leur suffit de croiser leurs regards, ou d'entendre réciproquement leurs voix. « [L'ascète pur] a l'aspect de douze soleils », dit l'Upanisad [31]. Toutes les traditions présentent un langage quasi identique. L'homme appartenant à la conscience commune se trouve incapable de distinguer cet excès de lumière.

Au sommet de la *montagne du Fond,* la vision se trouve unifiée. Peu importent les chemins. Le dépassement les efface. Les voies permettent d'accéder à cet au-delà débouchant sur la plénitude d'un total silence. Le langage correspond à la diversité ; l'unité n'a pas à s'exprimer, elle se vit. De ce fait, l'éveil libérateur ne comporte aucun échange. L'enseignement concerne l'apprentissage, la formation. Chacun le présente suivant son savoir, sa connaissance ou encore sa fantaisie personnelle.

Sur la *montagne du Fond,* l'éveillé pénètre dans un état de virginité de l'esprit. L'instant présent englobe toute l'existence. Le dépassement apporte avec lui une *révélation :* tous les chemins aboutissent à une connaissance identique. Certains hommes l'ont compris, tel Teilhard de Chardin. Durant la montée, il est normal de s'exprimer de façons différentes. Les oppositions souvent violentes peuvent aboutir à des massacres. L'homme médiocre éprouve le besoin de tuer, d'occire au nom de ses idéologies. L'homme éveillé respecte les traditions. En se situant en dehors de tout syncrétisme déformant, il tente de se tenir dans l'au-delà de son propre chemin.

Lorsque la profondeur est atteinte, une aire de silence se trouve visitée. Toutes les véritables traditions conduisent à cet unique silence. Évoquer des influences réciproques serait inexact. Le silence provient du caractère ineffable de l'expérience éprouvée. Par ailleurs, le dépassement ne saurait s'expliquer aux hommes privés d'expérience personnelle. Ces derniers taxent d'originalité et de folie les individus qui se tiennent dans un au-delà [32].

Le désert comporte un langage. L'accès à la Montagne intérieure rend muet.

Le vide

Étudiant le *Vide parfait,* Lie-tseu présente un chapitre consacré à *un paradis étrange.* « Au centre de ce pays se dresse une montagne du nom de Hou-ling ; sa forme est celle d'une jarre ; à son sommet [on trouve] un orifice de la forme d'un anneau parfaitement rond [33]. » Dans ce lieu jaillit une source appelée « fontaine divine » dont le parfum « est plus pénétrant que celui de l'orchidée et du poivre ». Son goût dépasse les meilleures liqueurs. Dans ce « paradis étrange », habitent des hommes pourvus d'une « âme aimable » et d'un « corps souple ». Sans orgueil ni envie, ils vivent ensemble : ni prince ni sujet. Hommes et femmes ne se marient pas. Aucun labourage, pas de semailles ni de moisson. « On y meurt à cent ans » sans être atteint auparavant par la maladie ; la vieillesse ne présente aucune altération de la santé et du psychisme.

La montagne s'intériorise, à la façon de la lumière, comme le disait Lie-tseu : une lumière indépendante du soleil et de la lune. Libéré, l'homme échappe aux habituelles conditions. Il peut voyager « sans employer ni bateau ni char [34] ».

Le « Vide parfait », auquel parviennent quelques hommes, s'applique aussi à la montagne [35]. D'où ce propos de Han-chan (fin du VIᵉ siècle).

J'ai élu domicile au cœur de la montagne :
Sur la voie des oiseaux, il n'est plus trace humaine [36].

Rien n'est transmissible lorsqu'il s'agit de l'essentiel. Interrogé, celui qui sait ne donne aucune réponse. Il en est ainsi pour Li Po (701-762) :

Pourquoi habiter la montagne de jade ?
L'esprit libre, je ris sans répondre.
....
Monde au-delà du monde [37].

D'où cet aveu :

La nuit, je loge au temple du Sommet.
Ma main caresse les étoiles.
Je n'ose élever la voix
De peur d'éveiller les habitants du ciel [38].

Le secret de la « montagne vide » se trouve dans un texte de Wang Wei (699-759) :

Dans la montagne vide l'homme est sans forme [39].

Les habitants du monde invisible échappent au domaine régi par le sensible. Ils pourraient dire, avec Jouan Tsi (210-263) :

Respirons l'éternité [40].

Sonorité

Ces pages constituent une sorte d'annexe dont le thème peut se poser à la façon d'un questionnement.

Dans son ouvrage sur *La Source du Vide* [41], l'auteur Taïkan Jyoji évoque le chant des sutras. A ce propos, il émet une remarque intéressante. Lorsque les sutras (écrits sacrés) sont chantés, « il ne s'agit pas à ce moment-là d'en saisir le sens.

Au contraire, cela pourrait nuire à cette " démarche auditive " qu'est le chant des sutras ». L'écrivain ajoute : « Il ne faut pas comprendre ce que l'on chante si l'on veut que " la magie " des sons s'opère [42]. » Et de préciser qu'autrefois les langues utilisées pour le chant des sutras étaient le sanscrit pour les Chinois, le chinois pour les Japonais. En Amérique, dans un monastère situé près de New York, les sutras sont chantés en anglais.

L'Amrtanāda Upanisad parle du *son immortel.*

... abandonnant le mot
déterminé par le genre, la quantité, etc.,
il s'avance vers le mystère
de la résonance nasale,
....
Par la suite, l'adepte,
concentrant sa pensée
....
fait progressivement monter
le souffle uni au feu
....
Il est le Son par excellence,
l'Impérissable qui se situe
au-delà de toutes les catégories :
voyelles ou consonnes, sourdes ou sonores,
....
et c'est par lui,
que l'adepte discerne le chemin [43].

Consacré au souffle dans la pratique du yoga, cet Amrtanāda Upanisad démontre l'importance de la retenue du souffle. Traducteur des *Upanisads du yoga,* Jean Varenne éclaire le texte grâce à des notes suggestives. La résonance nasale constitue l'essence d'*OM*. Elle se prolonge. « Ce bruit inarticulé est la manifestation de l'Absolu [44]. »

Ces diverses remarques peuvent servir de préliminaires à une importante question. Est-ce que la désacralisation actuelle généralisée ne relève pas – en partie – des chants sacrés émis le plus souvent dans des langues vernaculaires ? Le latin, utilisé dans le chant grégorien, n'a jamais été une langue sacrée. Son usage le sacralisait. Durant l'époque médiévale, il était un facteur de communication et d'échange.

Le chant grégorien ne semble plus convenir aux hommes modernes [45]. Les subtilités qu'il comporte ne trouvent guère d'échos dans les mentalités contemporaines. La nécessité de comprendre ce qui est chanté présente d'autres perspectives. En s'éloignant des mystères, une certaine forme de rationalisme s'impose. Combattre cette tendance serait absolument vain. L'enseignement par le son ne concerne qu'un petit nombre d'individus. Pour la majorité, les résonances prolongées ne sauraient se manifester d'une façon efficace [46]. Dans la nature, les échos comportent des conditions concrètes d'entendement. Il en est de même pour la nature humaine.

Il est normal que les moines d'Orient ou d'Occident, non chrétiens et chrétiens, s'adonnent à la prière communautaire. Dans les divers temples, les laïcs se rassemblent pour des offices. Convient-il à l'homme, ayant fait l'ascension de sa montagne intérieure, de percevoir des sons dont l'effet sacralise ? Toute réponse globale serait erronée. La lucidité exige de ne jamais se situer personnellement sur un sommet. Penser avoir perpétuellement accès à son fond serait aberrant ! La parole intérieure entendue dans le silence ou encore le message reçu au-dedans sont-ils obligatoirement sonores ? Seuls ceux qui ont eu le privilège de percevoir la *voix du fond* peuvent donner des réponses. Une évidence s'impose. Elle concerne la différence des divers entendements. Peut-être pourrait-on faire allusion à une sonorité subtile. Mais la sagesse enseigne de se défier des illusions.

L'homme orienté vers l'escalade de la montagne du dedans ne saurait guetter des révélations intérieures. Désapproprié de lui-même, devenu anonyme, l'audition qui le concerne n'est pas reçue nommément. De ce fait, aucune révélation intérieure ne pourrait l'enorgueillir. Il la réceptionne à la façon d'un don totalement gratuit. Sorte de rosée matutinale, de brise porteuse d'éternité. En tout cas, le silence de l'altitude intérieure rend muet pour discourir sur l'invisible. Rien ne saurait être transmis sans altération et fausses notes. S'agit-il d'un dialogue intérieur ? Il serait sans doute plus exact de parler d'un monologue très rare. Le vent souffle sur les voiles d'un bateau. Suivant sa présence ou son absence, le navire avance plus ou moins rapidement.

Les différences entre les hommes appartenant à la conscience commune correspondent à des étapes. A l'égard des sons, les chants du coucou et du rossignol peuvent être reçus avec reconnaissance et provoquer un changement de niveau. Interroger certaines personnes qui habitent la campagne provoquerait parfois des propos inattendus. A la question posée : « Avez-vous entendu au printemps chanter le coucou ou le rossignol ? » la réponse, le plus souvent, serait : « Je n'ai pas fait attention. » Il en est ainsi pour une multiplicité d'individus.

Durant la montée, des sons peuvent être perçus. Il est possible de ne pas les entendre, ou encore de n'y attacher aucune importance. Chez les contemplatifs, les sons d'ordre cosmique contiennent parfois une révélation. Dans la dimension subtile, il arrive un instant où l'oreille et la vue s'épousent. Une alliance se réalise ou, au contraire, un divorce s'installe. Rares doivent être ceux qui parviennent au mariage entre l'oreille et l'œil. D'où ce propos de l'Upanisad : « Plus d'un qui voit n'a pas vu la parole ; plus d'un qui entend ne l'entend pas » (*Rig-veda* X, 71, 2-4). Dans la dimension de profondeur, la voix est perçue par l'ouïe et la vue intérieures. Les sens extérieurs ne sauraient la capter.

Apparition des ailes

Durant la montée, la démarche se montre d'une grande lenteur. Elle correspond à une création continue ne comportant aucun terme. Le déroulement de cette perpétuelle création contient une croissance, un progrès, un perfectionnement. Soudain, une métamorphose s'opère. Le montagnard du dedans devient ailé. L'orientation concrète vers la profondeur abyssale exige la présence des ailes. Très tôt, dans le christianisme, cette transfiguration s'est imposée, grâce en particulier à Grégoire de Nysse dont la pensée a été magnifiquement exposée par Jean Daniélou [47].

Après avoir cité un petit livre de Vladimir Lossky *(Théologie mystique de l'Église d'Orient)* et un ouvrage de Werner Jaeger (*Two rediscovered Works of ancient christian Literature : Gregory of Nyssa and Macarius,* Brill, Leiden, 1954), Jean Daniélou suit la progression présentée par Grégoire de Nysse : celle du passage du monde animal au monde divin avec les mutations et métamorphoses qu'un tel parcours comporte. Au départ, l'homme a été créé à l'image divine. Optant pour la condition animale, il a perdu sa vocation originelle.

Lorsque le montagnard du dedans a renoncé à lui-même, ce détachement présente des effets immédiats. Le vieil homme meurt entraînant avec lui dans sa disparition ce qui lui appartenait ; l'homme nouveau naît. Peu à peu, il va retrouver sa structure primitive originelle dont il a été séparé. Or, l'homme nouveau correspond à la véritable dimension humaine qui auparavant n'avait pas été atteinte. Invité à la conquérir, d'« enfant de la Femme », il devient « fils de l'Homme [48] ». L'accomplissement concerne le passage du monde animal au monde divin. Lors de sa première création faite à l'image de Dieu, la nature humaine se vouait d'une façon naturelle au divin. En s'éloignant de ce monde divin, l'homme se revêt de « tuniques de peaux », il s'animalise. Partageant la condition animale, il se trouve dans la nécessité d'utiliser les fonctions qui en dépendent : « union sexuelle, conception, enfantement, alimentation, croissance, maturité, vieillesse, maladie, mort », dira Grégoire de Nysse dans son *Traité sur l'âme et la résurrection* [49]. Toutefois, ces tuniques de peaux constituent un revêtement extérieur. L'image divine échappe à cette animalité plus ou moins passagère. L'homme est libre d'opter pour la nature animale : « volupté, colère, gourmandise », ou de s'en détourner.

Citant et commentant les textes de Grégoire de Nysse, Jean Daniélou insiste sur une comparaison, proposée par Grégoire, d'après laquelle « la nature humaine ressemble à un miroir se transformant selon les images » vers lesquelles il se tourne. Pour Grégoire de Nysse, l'homme devient « tigre par la colère, crapaud par la luxure, vautour par la cruauté [50] ». D'où cette observation de Jean Daniélou indiquant qu'un tel symbolisme remonte à Platon [51] ; Plotin reprendra ce thème. Il conviendrait aussi de se rapporter à l'usage de revêtir des masques d'animaux dans certaines cérémonies, telles les lupercales romaines [52]. Masqué, l'homme remplit un rôle dans la « comédie humaine ». Il le joue avec plus ou moins de succès.

Tourné vers la Beauté archétype, l'homme nouveau va s'y configurer. Beauté de la colombe signifiant « la présence de l'Esprit [53] », c'est-à-dire du *pneuma.* « Cette transformation par le *pneuma,* dira Jean Daniélou, Grégoire l'explique par le symbole des ailes de la colombe [54]. » Or, dans son *Commentaire sur le Cantique des Cantiques,* Grégoire de Nysse cite le verset 6,5 qui se trouve dans les Septante : « Détourne tes yeux de moi, car ils m'ont donné des ailes. » Un tel symbole s'étend à Dieu : « Tu me protégeras à l'ombre de Tes ailes » (Ps 16,8). Et ce texte : « Tu mettras ton espoir dans Ses ailes » (Ps 35,8). Or « l'homme a été créé à l'image de Dieu ». Grégoire l'affirme : « Si donc l'archétype est ailé, il faut bien que la nature humaine le soit aussi [55]. »

Selon Jean Daniélou, le sens métaphorique des ailes doit s'appliquer à « la puissance, la béatitude, l'incorruptibilité ». L'homme avait perdu ses ailes ; elles repoussent [56]. Ainsi se retrouve le thème platonicien des ailes de l'âme exposé dans *Le Phèdre* [57]. « Les ailes sont les caractères de l'homme transfiguré [58]. » Cette affirmation est éclairée par un propos de Grégoire, cité par Daniélou : « Comment quelqu'un s'envolera-t-il vers le ciel, s'il n'est pas ailé de l'aile céleste [59] ? » Les « tuniques de peaux » sont remplacées par les ailes, grâce à la présence de l'Esprit-Saint.

Dans son *Traité sur la virginité,* Grégoire de Nysse signale la difficulté d'« atteindre les choses sublimes, si l'on met son zèle dans les choses basses. Comment s'envoler vers le ciel, sans être muni de l'aile céleste ni devenir capable, grâce à ce mode de vie sublime, de monter et de s'élever dans les hauteurs [60] ? »

S'inspirant de l'Écriture et des écrivains mystiques, Jean de la Croix († 1591) pourra écrire :

> *Celui qui par les appétits*
> *Ne se laisse pas entraîner*
> *S'envolera léger selon l'esprit,*
> *Comme l'oiseau*
> *A qui ne manque plume* [61].

Les Pères du désert racontent parfois leurs visions concernant des moines ailés. Ainsi Jean Colobos mentionne trois moines ailés ; l'un d'entre eux n'arrive pas à passer le fleuve en raison de la faiblesse de ses ailes [62]. Sur ce sujet, les anecdotes sont fréquentes chez les Pères du désert. Antoine Guillaumont a montré combien il importe d'être circonspect à l'égard de ces récits souvent empruntés à la littérature apocalyptique et au folklore égyptien [63]. Un saint moine nommé Patermouthios « se transportait à son gré dans les airs [64] ». Parlant des moines thaumaturges, l'auteur Lucien Régnault écrit : « La plupart des miracles racontés dans *La Vie d'Antoine* sont accomplis non dans sa "montagne intérieure", mais près des lieux habités [65]. »

Ces légendes conservent leur charme. Sujets de réflexion, elles font partie d'un enseignement qui se voulait édifiant. Leur attribuer une réalité concrète serait bien entendu illusoire. Ceux qui les racontaient n'étaient d'ailleurs pas dupes du manque de véracité de leurs récits. L'important se situe à un autre niveau. L'aile symbolise une mutation transfiguratrice. Désormais, plus de montées absorbantes et difficiles, d'ascensions par degrés successifs.

Auparavant, les montées correspondent à des progressions. Celles-ci peuvent être aidées par des techniques et aussi par des religions. Les intériorisations se succèdent. Le montagnard du dedans se libère des différents liens qui le retiennent et nuisent à son dégagement. L'enchaînement à lui-même détermine ses divers attachements. Chaque progression aboutit à une libération de soi-même. L'acquisition de l'aile apporte un changement radical. Les intériorisations s'éclipsent. Non seulement elles cessent, mais les souvenirs qu'elles ont pu suggérer se retirent. L'aile correspond à un dépassement de tout ce qui auparavant se révélait nécessaire dans la progression liée à une perpétuelle montée. Le dépassement coïncide avec un total renoncement à soi-même dont la présence de l'aile est le fruit. Plus d'esclavage et d'assujettissement. « C'est en vain qu'on jette le filet devant les yeux de tout ce qui a des ailes », diront les Proverbes (1,17). L'aile donne accès à la liberté. Et la liberté enfante le dépassement. L'homme se quitte, il sort de lui-même, c'est-à-dire du temps et de l'histoire. Le voici anonyme, situé au-delà des formes, mû uniquement par la dimension divine.

Le mont de l'universalité

L'accès au mont de l'universalité concerne les diverses traditions. Actuellement, il ne convient qu'à un petit nombre. Une telle montée se généralisera sans doute dans un très proche avenir.

Cette nouvelle perspective comporte une attitude ouverte et accueillante. Elle exige une condition à ne jamais transgresser : *le refus de tout syncrétisme.* Toutefois, ceux qui ne sont pas encore arrivés à cette étape libératrice risquent de taxer de *syncrétisme* leurs devanciers parvenus à saisir le sens de l'universel. « Tout ce qui monte converge », disait Teilhard de Chardin. Selon Simone Weil († 1943), « les mystiques se ressemblent presque jusqu'à l'identité ». Pour comprendre le sens de ces affirmations, une longue escalade se révèle nécessaire. S'orienter vers l'universel suppose non seulement une sortie de l'horizontalité mais l'approche du sommet de la sainte montagne intérieure.

Avant cette réalisation, l'ami de l'universalité traverse des étapes. Afin de pouvoir saisir l'unité d'un sommet spirituel, l'homme-montagne se situe au-delà des différences ethniques et sociales. Tout homme, marginal, intouchable (pratiquement, les castes existent encore en Inde), démuni ou appartenant à la noblesse, à la haute bourgeoisie mérite le respect [66].

Parvenir à cette attitude sociale demande la conversion du regard à la fois extérieur et intérieur. L'étalement d'une suffisance personnelle se trouve complètement banni. Lorsque la compassion habite l'homme avec l'amour qui l'accompagne, cette tendresse ne cesse de se renouveler.

Déboucher sur l'universel correspond à un aboutissement survenant après la réalisation du vide. En effet, le vide est opératif. De ce fait, l'homme-montagne *n'abandonne rien* volontairement. Les formes l'*abandonnent*. Il ne choisit pas ; sa coopération consiste dans l'acceptation d'une nouvelle solitude comportant un plus vaste dénuement.

Lorsque les traditions, les formulations religieuses s'éclipsent, aucune mutilation ne se produit. Le sujet *baigne* dans leur dimension de profondeur.

A cet égard, un exemple pourrait être donné. Naturellement, la correspondance qu'il instaure est tout à fait relative. Seule la plénitude d'une expérience permet d'en découvrir l'amplitude.

Un escaladeur de la montagne intérieure s'est adonné à

la recherche philosophique et théologique. Au cours de sa pérégrination, il a pu se poser de nombreux problèmes à l'égard des chemins d'accès conduisant vers l'essentiel. Des comparaisons ont pu se formuler durant sa démarche, elles s'appliquaient en particulier à l'Orient et à l'Occident [67]. Soudain tout bascule. Non pas dans un néant mais dans une plénitude dont rien ne peut être dit. Dans ce cas, les discours, les discussions, les comparaisons s'évanouissent. Elles ne laissent aucun signe de souvenir dans la mémoire.

Tout procède par étapes. Chacune d'entre elles doit se nourrir des aliments qui lui conviennent. D'où l'importance passagère des rencontres et des comparaisons.

L'universalité tient compte de la nécessité *actuelle* de reconnaître le pluralisme des formes religieuses. Cette variété ne correspond pas à des échelons. Elle s'applique aux orientations diverses des sujets. Toutefois, il arrive un instant où « l'utilité » ne remplit aucun rôle. La finalité ne se pose pas pour l'avenir dans la réalisation d'une vision apocalyptique, mais se manifeste en épiphanies, c'est-à-dire en de successives révélations liées parfois à des images et à des récits symboliques. Autant de signes dont le déchiffrement s'impose. La véritable universalité étant le fruit d'une plénitude, l'absence d'échelles et de ponts ne provoque aucun vertige.

Une autre comparaison signifiante : en plein été, par exemple au mois d'août, dans la verdure des arbres, quelques feuilles jaunies apparaissent. Elles ressemblent à de minuscules soleils brillant dans l'éclat de la lumière estivale. En réalité, ces feuilles sont mortes. Peu à peu, elles tomberont sur le sol. En attendant, elles constituent de merveilleuses petites flammes. Plus tard, les arbres deviendront des foyers incandescents avant de se dépouiller entièrement de leur parure. L'hiver, les arbres semblent morts. Animés par un autre mode d'existence, ils vivent dans leur nudité.

Les feuillages pourraient être comparés aux paroles, aux discours. Indispensables parures durant toute l'existence pour la majorité des hommes. Il est normal pour l'œil non avisé d'envisager la nudité comme un décès. La feuille de l'arbre coïncide avec l'enveloppe corporelle.

Ces quelques sujets s'offrent simplement à la réflexion.

L'universalité ne résulte pas d'une restriction mais d'une vasteté. De ce fait, ceux qui choisissent la voie montante découvrent son ampleur. Quant aux ignorants appartenant à la conscience commune, ils peuvent avoir fait table rase des formes religieuses. La différence entre ces deux attitudes peut se formuler ainsi : d'une part, il arrive un instant où les formes religieuses *abandonnent*. Et cela par dépassement. D'autre part, voués à la banalité de l'existence, des individus récusent les formes dont ils n'ont d'ailleurs qu'une éphémère expérience. Deux attitudes contraires : l'une subtile – l'autre d'une affligeante médiocrité.

L'homme moderne intériorisé se situe au-delà de tout dialogue interreligieux. Ce n'est pas à ce niveau que s'opèrent les rencontres fondamentales. D'ailleurs, un dialogue interreligieux risque de concerner à la fois les confessions et les religions.

Le mont des Révélations

Des pèlerinages médiévaux perdurent. Ainsi Vézelay, Saint-Jacques-de-Compostelle. Dans les sanctuaires, les pérégrinants tentent de se concentrer et de s'adonner à la prière pour recevoir des énergies nouvelles. Les hauts lieux fécondent. La beauté engendre l'harmonie chez ceux qui la contemplent. Ainsi les visiteurs peuvent s'éprouver comblés. Réception dont les effets seront provisoires ou durables. Peu importe ! Un niveau a été franchi au profit d'un état rigoureusement neuf contenant un trésor qui peut se révéler inépuisable.

Un danger inconnu se présente. Auparavant, il était impossible d'en soupçonner l'existence. Seule l'expérience permet d'en saisir l'ampleur. Sa soudaineté déconcerte. Vision plus ou moins perceptible de pièges dans lesquels toute démarche risque soudain de se bloquer, c'est-à-dire de s'anéantir d'une façon définitive. Le *mont des Révélations* provoque un déchiffrement en soi et en autrui. Lecture du cœur, diraient fort justement les amis des mystères et tout particulièrement les mystiques orientaux. Ce déchiffrement ne provoque aucun jugement de valeur. Tout est vu à la façon d'un paysage avec son ensoleillement et son ombre, sa lumière et sa noirceur. Une montée comporte la brusque vision des failles et des gouffres, des abîmes susceptibles de provoquer des vertiges et de suspendre le pas.

Pour certains pèlerins du dedans, l'ascension du *mont des Révélations* comporte une connaissance tragique incontournable. Face-à-face provoquant une forme d'agonie, de coma passager ou définitif. Si on en sort, la mort est derrière soi. Mort subtile, infiniment douloureuse. Sorte de grossesse exigeant une césarienne qu'aucun chirurgien ne pourrait pratiquer. Elle se produit d'une façon brutale. Avant, on étouffe. Ensuite, on respire. La béatitude viendra plus tard. La joie fuse lors d'instants fugitifs.

Quel est le contenu intolérable de cette révélation reçue sur le *mont des Révélations* ? Le sujet découvre par le dedans l'hypocrisie consciente ou non – le plus souvent inconsciente

– non seulement des bien-pensants, mais de la majorité de ceux qui optent – à travers une religion ou en dehors d'elle – pour une recherche spirituelle. Les amis des mystères échappent pour la plupart à cette forme dérisoire de fausse intériorité. Tout semble altéré. Les adhésions, les diverses formes d'ascèse imposées apparaissent privées d'effets valables. L'ignorance dans les meilleurs des cas, parfois la perversité, en tout cas le jeu prédominent.

Lorsqu'une telle vision se produit avec sa révélation tragique, l'homme totalement abandonné à la dimension divine l'accepte. C'est là un suprême et inattendu détachement auquel il est secrètement convié. Ce comportement conduit, sans doute, vers une forme de sainteté, de parfaite sagesse. Sainteté et sagesse ne recèlent pas de contenus identiques.

Souvent, cette révélation provoque une tempête au-dedans, un ouragan, une montée des eaux, un déluge ; une approche de la folie. Une folie très particulière. Dostoïevski savait l'évoquer.

Le monde invisible n'est pas directement concerné. Mais la démarche donnant accès au mystère se trouve totalement altérée. On ne sait plus comment vivre, se mouvoir, prier, réfléchir. La vision intérieure révélatrice décuple l'entendement de l'oreille intérieure. Celle-ci distingue, sans le chercher, la justesse et la fausseté des sons. Cacophonie parfois intolérable.

Tout passé s'efface. Aucun projet ne s'ébauche. Le mélange du pur et de l'impur provoque une odeur délétère. Les psychologues, psychiatres ne peuvent intervenir. La dimension psychologique se trouve totalement dépassée. Un gourou, un moine ne sauraient éclairer à moins d'avoir éprouvé une expérience semblable. Or, les correspondances ne peuvent abolir les différences. Chacun porte sa singularité : son existence – ses joies – ses épreuves – sa mort. Discourir sur l'intériorité et les valeurs spirituelles se pratique avec aisance. Chacun apporte naïvement ce qu'il sait, a pu comprendre, ou encore supposer. Après cette révélation reçue grâce à une vision, le silence devient la seule demeure. Il n'y en a pas d'autre. Et cela en attendant de sortir de soi, d'accepter la nuit du détachement introduisant dans la nudité des sommets à laquelle on se juge encore impropre. Impression d'être un individu banal capable de réaliser sa singularité. De ce fait, sa participation à la danse des marionnettes (cf. Platon) est légitime.

D'où l'entrée dans la patiente attente d'une ascension située au-delà des alternances, de la lumière et de l'ombre. Elle surviendra avant la mort... ou après le décès.

Il serait normal d'évoquer le *mont des Oliviers,* puis Gethsémani, l'angoisse de Jésus et le sommeil des apôtres (Mt 26,31 sv. ; Mc 14,26 sv. ; Lc 22,39 sv.). A cet instant, il est sans doute rare de puiser une aide dans la lecture des Écritures. La situation du sujet concerné se trouve au-delà de tout réconfort, y compris de celui de la foi. Ce qui ne signifie pas que la foi soit reniée. Une certitude s'ébauche. Un douloureux passage par le doute la fait trembler sans pour autant l'occire. Purification susceptible de pouvoir durer pendant des mois et des années. Tunnel dont l'entrée et la sortie demeurent invisibles. « Ô mon âme, sors ! / Dieu entre ! » dira Eckhart [68]. Propos dont il est possible d'éprouver la parfaite exactitude. Toutefois, aucune porte n'est visible. Le sujet se trouve emmuré. En réalité, l'évasion pourra se produire dans la mesure où la montée se poursuit. Le « trou de l'aiguille » plafonne. D'où la nécessité du vol en imitant l'oiseau. Dans l'immédiat, le prisonnier cogne sa tête contre les murs. Impression de rencontrer un bloc de béton infranchissable. Le sujet ignore qu'il s'agit de cloisons légères, qu'une sonorité juste ébranlerait et ferait disparaître.

Tant que le cri n'aura pas jailli du cœur, inflexibles, les murailles vont perdurer. Apprendre à formuler un appel. Ou plutôt, laisser l'Éternel s'appeler lui-même. Une béance mystérieuse s'entrouvre. Pourvu d'ailes, le condamné sort. Libération. Illumination. Paradis. Tout cela est à venir...

Après avoir éprouvé cette purification avec sa violence dévastatrice, le sujet va subir les effets d'une autre tragédie, plus cruelle encore. Le contenu de ses expériences antérieures sera brusquement effacé. Dans un verger, la disparition des fleurs doit paniquer l'arbre. Chaque été et chaque automne renouvelle cette douloureuse passion. L'enfantement suppose préalablement une mort, ou plutôt des morts successives. En effet, la montée s'opère en spirale. Tout niveau dépassé comporte à la fois décès et résurrection.

Est-il juste de communiquer l'expérience strictement personnelle acquise grâce à l'arrachement à la conscience commune ? Cela n'est pas certain. Une ambiguïté se pose. Elle est difficile à circonscrire. En termes simples, elle pourrait se formuler ainsi : de très nombreux individus abandonnent la religion de leur enfance et de leur jeunesse. Et cela par facilité. Leur vie extérieure subit les effets de cet éloignement. Optant pour le refus de tout progrès, ils manquent d'authenticité. Les voici devenus les esclaves des courants perturbateurs qui les traversent. Volontiers, ils croient rejoindre l'état de ceux que les certitudes abandonnent au cours de la montée. Les uns se situent dans l'ignorance et parfois le mépris. Les autres – un petit nombre – seront enseignés au-dedans et leur existence se trouvera totalement modifiée.

La révélation la plus essentielle va consister dans la perte du moi. Auparavant un Dieu personnel pouvait combler. Il n'était pas nécessairement éprouvé ou ressenti. Mais ses manifestations dans l'intériorité s'imposaient. Les assurances servaient de tuteur ; elles permettaient d'exister. Soudain tout chancelle.

Supposons un homme faisant l'ascension d'une montagne. Il peut connaître le vertige. La vision des gouffres l'affole, le fait vaciller d'angoisse. La crainte de l'accident terrorise. Une autre phase – rigoureusement imprévue – succède : il ne se présente plus de montée ; les montagnes, les plaines et les vallées disparaissent. La nudité se révèle à la façon d'une absence. Après la présence d'un visiteur, son souvenir flotte encore. A son départ, il laisse quelque chose de lui-même, de sa personne, de son dire, de ses croyances et de ses refus. L'effacement de la montée ne laisse aucun souvenir, sinon la certitude d'une solitude comblée.

En termes différents, une semblable expérience peut se décrire tout en sachant qu'aucun terme ne peut en signifier véritablement le sens. Lorsque l'homme-montagne atteint l'anonymat, il se trouve soudain, du moins par moments, privé d'un Dieu personnel. Il n'est pas pour autant déifié. Le croire serait certainement une erreur. Cette perte d'un Dieu personnel le rend-il orphelin ? Le moi décédé n'est plus là pour en souffrir, en pâtir et clamer son désarroi.

Est-ce que l'homme peut décrire cette absence, ce départ ? Il pourrait faire siennes les paroles du Christ : « Mon Père pourquoi m'as-Tu abandonné ? » (Mt 27,46). Mais ce cri suppose encore un dialogue entre un « je » et un « tu ». Au sommet de la cime atteinte sur le *mont des Révélations,* le « je » défunt a provoqué la disparition momentanée ou continue d'un « tu ». D'où l'abolition des noces, l'effacement des chants qui l'accompagnent. Plus de célébration de l'amour entre le bien-aimé et l'aimée. Plus de féminin et de masculin, de créature et de créateur. La notion de Dieu semble se gommer. Erreur ! L'expérience de l'accès au sommet de la montagne intérieure permet à celui qui fait une telle expérience de pouvoir partager d'une certaine manière la vie du Vivant, de Celui qui est inexprimable, présent partout... et nulle part.

Cette expérience susceptible de se dérouler à l'intérieur du christianisme peut-elle aboutir dans ses effets à rejoindre d'autres traditions ? Le contenu d'une telle expérience n'apparaît pas identique. La différence essentielle consiste en ceci : la montée a provoqué des purifications, l'acquisition de degrés de plus en plus élevés modifie non seulement le mental mais le cœur et son intelligence devenue capable d'« intelliger » au-dedans. Ainsi, ce qui est un point d'arrivée pour certains semble s'appliquer à un départ pour d'autres. Entre les deux, une immense différence, un espace... comprenant une série d'expériences successives.

Toutes les traditions doivent être respectées, y compris leur au-delà. S'engluer dans le passé serait une erreur. Les énergies dynamiques, acquises et amplifiées durant la montée de la montagne intériorisée, exercent des effets positifs dont le déploiement ne cesse de se manifester.

Ce qu'il importe de retenir – à propos de l'accès au *mont des Révélations* – consiste dans l'acceptation des différences. Ne pas oublier cette réalité : dans la plaine et la vallée, les hommes se ressemblent. Dans la mesure de leur montée, ils se diversifient. L'évolution opère des distinctions. La diversité se révèle plus ample dans l'intériorité que dans l'extériorité.

Le Dieu du mont des Mystères

Le Dieu caché n'est pas le dieu-objet sur lequel les discoureurs palabrent. Plus l'homme progresse dans son ascension, moins il se montre disert. Un instant survient où il se trouve obligé de se taire. Pénétrant dans le silence, celui-ci devient son atmosphère, son climat, son lieu et aussi son trésor.

Fait curieux, qui peut sembler bizarre et de ce fait contestable ; il existe, tout d'abord, davantage de différences entre les divers silences qu'entre les voix et les écritures. C'est dire leur diversité et la vasteté de leur ampleur. Les silences déclenchent des échos. Ils traversent tous les obstacles. Se tenir dans un état de silence est à la fois une acquisition et un don. La conversion au silence se présente sans commune mesure avec le choix d'une religion ou le passage d'une tradition à une autre. Réduire le silence à un mutisme serait erroné. Celui qui est devenu le *fils du silence* ne parlera jamais de Dieu ; il ne cherchera pas à communiquer avec des disciples sur un tel sujet. Conscient de son ignorance, il ne vantera ni son savoir ni sa connaissance. Peut-être, dans certains cas, mû par un instinct de conservation, se trouvera-t-il dans la nécessité de s'exprimer. Perché sur le *mont du Silence,* il pourra momentanément se croire obligé de donner un enseignement. En communiquant, il se vide. Grâce à ce creux, il peut croire recevoir un surplus. L'écriture équivaut à un débordement.

En fait, le silence s'apparente à la mort. C'est pourquoi il convient si peu aux jeunes gens et aux adultes. Bien entendu, il se présente toujours des exceptions. En tout cas, une discrétion s'impose. Faire allusion à son état silencieux, tenter de le décrire ne correspondent pas à l'abîme du silence.

Lors de son absence, ce Dieu des sommets n'a jamais été aussi présent. Rien ne sera désormais appelé par un nom qui pourrait sembler le recouvrir. Les distinctions relèvent du temps, de l'espace et de l'histoire. L'éternité se présente comme un dépassement.

Quand l'éternité envahit, le temps devient caduc, surérogatoire, mobile et de ce fait affligeant. La rencontre avec le Dieu des sommets se situe au-delà de tout dialogue, échange, comparaison.

Auparavant, le contemplatif débutant, encore lié à un cheminement antérieur plus ou moins dogmatique, s'adonne à la description du Dieu, en disant ce qu'il est et ce qu'il n'est pas. Il s'abandonne ainsi à un bavardage intempestif. Puis, les théologies affirmative et négative disparaissent. En raison du mauvais usage du terme *mystique,* il apparaît difficile d'en retenir l'emploi. Il est préférable d'utiliser le mot *mystère,* en dépit de son ambiguïté.

Les expériences déterminent des différences entre les hommes. Les uns appartiennent au temps et se meuvent dans l'histoire. Les autres se trouvent enfantés par l'éternité. Pour ces derniers, les liens entretenus avec le temps sont désormais brisés. De même, les rapports avec un Dieu nommé ne sauraient se poursuivre.

Qu'est-ce que l'éternité ? L'immensité divine où tout est lumière, amour et joie. Plénitude de la haute montagne. Sonorité des sommets. Effacement des signes, symboles, images, comparaisons. Au sein de cette immensité, autrui n'est pas oublié.

La tendresse ruisselle. Elle désaltère les hommes altérés et réchauffe les transis par isolement. Tout jugement de valeur disparaît d'une façon définitive. Les végétaux et les animaux sont aimés dans leur diversité. Il en est ainsi à l'égard des hommes. Peu importent leur situation sociale, leur culture, leur origine.

La lucidité s'affine. Tout est vu dans sa réalité. Le langage ne contient aucune pénalisation. Rien n'est soupesé, jaugé, absous ou condamné. Ainsi, des propos identiques tenus par des hommes englués dans le temps ou en dehors du temps ne partagent pas un même contenu. Les premiers se gaussent, ironisent, séparent. Émanant d'une non-dualité, les seconds ne sauraient trancher, soupeser, placer dans les plateaux d'une balance.

Évoquant l'existence humaine et sa « remise en question », R. Panikkar écrit : « Les changements ne sont plus seulement sociologiques, économiques, politiques, ils sont réellement anthropologiques dans le sens le plus profond du terme. L'ère des dieux est terminée ; l'ère de Dieu connaît son déclin. Et certes, les dieux sont réels et Dieu est bien vivant, mais dans un sens transformé, beaucoup plus profond qu'auparavant [69]. »

La crise actuelle – concernant la vision des dieux et de Dieu – se trouve à la fois douloureuse à vivre et bénéfique dans ses effets. L'accès à la dimension divine est en pleine mutation. Pas de décès, une métamorpbose. Pour l'homme-montagne, il est nécessaire de passer par une période silencieuse. En effet, la parole et l'écriture demeurent incapables de cerner et de pouvoir décrire ce qui est intraduisible par le langage.

Sur les symboles et les archétypes, concernant l'accès à l'intériorité, les bavardages ne cessent de se multiplier. Sorte de mousse légère comparable à celle des vagues s'écrasant sur le sable. Le vent la soulève : elle disparaît. Faute de brise, peu à peu elle s'évapore d'elle-même.

Le mont des noces

La Mort convie aux noces.

NOVALIS.

La dernière ascension s'achève avec la mort. Auparavant, chaque montée comportait un terme à l'égard du passé, et aussi un commencement inaugurant une nouveauté de vie. Au décès, il convient encore de tenir compte des différences entre les hommes. D'ailleurs, une question pourrait se poser : est-ce que tous les hommes sont des hommes ?

Concernant les pèlerinages aux Lieux saints, Armand Abécassis examine les comportements de la communauté juive à propos d'un lieu où un saint a été enterré. Perspective dans laquelle se mélangent « le réel » et l'« imaginaire. » « Le jour anniversaire de la mort du saint, jour de pèlerinage collectif, est appelé traditionnellement, *HiLoula,* d'une racine qui signifie " mariage " [...] le pèlerinage est une *HiLouLa,* un mariage du saint de l'endroit. » Selon Armand Abécassis, une telle expression provient de la mystique juive, et plus spécialement d'un texte du Zohar évoquant la mort-mariage d'un saint juif. D'où ce propos aussi merveilleux qu'inattendu : « Les saints ne meurent pas : ils se marient [70]. »

Chez les chrétiens, le thème des *noces spirituelles* présente une importance primordiale. Il suffit pour s'en convaincre de lire les commentaires du Cantique des Cantiques du XIIᵉ siècle. Le Christ est considéré comme l'Époux de l'Église.

Il est aussi l'Époux de la Vierge Marie et l'époux de chaque âme individuelle [71].

L'éducation de l'âme se poursuit après la mort. Dans le *Peri Archon,* Origène en précise les étapes. Au dévoilement des réalités terrestres, succède celui de l'espace intermédiaire entre Ciel et Terre. Tel Origène, Plotin conserve la notion stoïcienne de l'harmonie de l'univers. Ainsi la vision divine résulte d'une perpétuelle ascension [72].

Du mont des Noces rien ne peut être dit. La mort inaugure – sauf exceptions très rares – un immense silence. Celui-ci correspond à un secret à découvrir.

L'émerveillement

Parler aujourd'hui d'émerveillement peut sembler provenir d'une douce folie. Nous nous sommes éloignés de l'ancienne Grèce et de ses sages qui savaient manifester leur enchantement. Les hommes du Moyen Âge, en particulier ceux du XIIe siècle, s'émerveillaient en évoquant la Nature reflet du monde invisible. La liturgie des fêtes engendrait un ruissellement de jubilations successives. Une constante louange, née dans le cœur, jaillissait des lèvres. « Considère les merveilles de Dieu », dira Job (37,14). Et le Psalmiste : « Je raconterai toutes tes merveilles, ô Éternel ! » (89,6).

Parmi les splendeurs de l'univers, la vision de la montagne provoque l'admiration. Celle-ci s'exprime de deux façons, par des exclamations ou encore en plongeant dans un total silence. La beauté établit une communication avec l'invisible qui s'engouffre dans la béance suscitée par l'étonnement.

La fascination suppose à la fois l'éveil du regard intérieur et aussi de l'ouïe. Un état de vacance, c'est-à-dire de repos, favorise la joie. L'appréhension de la beauté peut se faire lentement ou d'une façon immédiate. Une disponibilité se trouve requise. Être pressé, décrire rapidement, par manque de temps, l'accès à une montagne, ne permet pas d'en savourer la splendeur. La solitude apparaît nécessaire pour certains tempéraments. Le ravissement collectif risque d'être surajouté, de provenir d'une contagion. L'émerveillement envahit l'être dans sa totalité. Rien de sentimental. L'émotion ressentie produit un tressaillement et un changement de niveau. Ainsi l'émerveillement fait monter, oriente vers un sommet. Lorsqu'il n'est plus éprouvé, des traces de son passage demeurent, telle la brûlure du soleil. Brûlure qu'il est impossible de localiser. L'homme devient une flamme : il rougeoie, prend feu ; le voici devenu incandescent.

L'émerveillement est-il communicable ? Lorsqu'il résulte d'une expérience singulière, il apparaît quasi impossible de le faire partager. C'est pourquoi il demeure secret. Toutefois, il colore l'existence.

Dans le *mystère de l'éternité,* l'expérience d'une béatitude, même passagère, s'étend sur tous les êtres humains : ceux du passé, du présent et du futur.

TEXTES COMPLÉMENTAIRES

La montagne dans les légendes – Les masques et les excentricités – La montée insolite.

A l'égard des légendes et des contes, il importe de pénétrer dans le mélange du réel et de l'imaginaire. Favorisant l'approche de l'inexprimable, en véhiculant des images symboliques, les récits proposés exercent une indéniable fascination.

Dans *Les Deux Sources de la morale et de la religion,* Bergson a montré l'importance de la « fonction fabulatrice ». Signalant son rôle biologique, Gilbert Durand l'explique grâce à son étude sur *L'Imagination symbolique* [1]. Citant René Lacroze reprenant la thèse freudienne du refoulement, les images se présentent comme une « position de repli en cas d'impossibilité physique ou d'interdiction morale », telle une « évasion loin de la dure réalité [2] ». Et Gilbert Durand de conclure : « ... en nous appuyant [...] sur le bilan anthropologique, [nous parvenons] à établir que la fonction d'imagination est avant tout une fonction d'euphémisation [3] ». Les expressions atténuées ont pour avantage d'être plus aisément tolérables. De ce fait, « l'imagination symbolique est un facteur d'équilibre psychosocial [4] ». D'où cette conclusion : « ... la civilisation qui a trop souvent confondu démystification et démythisation, [...] propose un gigantesque procédé de remythisation, à l'échelle planétaire [5] ».

Pour vivre, l'être humain a besoin de rêver. Les mythes, les images et les symboles lui sont nécessaires. Porteuse d'un éventail de multiples sens, l'image sert de support pour aller plus loin. Il convient de s'entendre à propos des contenus de l'image. A cet égard, le meilleur initiateur est Henry Corbin : « Que l'on n'entende pas le mot " images " au sens où de nos jours on parle à tort et à travers d'une civilisation de l'image ; il ne s'agit jamais là que d'images restant au niveau des perceptions sensibles, nullement de perceptions visionnaires. Le ***mundus imaginalis*** de la théosophie mystique visionnaire est un monde qui n'est plus le monde empirique de la perception sensible, tout en n'étant pas encore le monde de l'intuition intellective des purs intelligibles [6]. »

Les légendes et les contes permettent d'aborder le contenu du non-dit et d'en avoir une intelligence intuitive.

La montagne dans les légendes

Les montagnes peuvent être considérées à travers des légendes fabuleuses. Un texte primitif subit parfois des ajouts suivant les époques et les peuples qui les véhiculent. Ces divers récits présentent le plus souvent une certaine parenté tout en s'offrant à des interprétations différentes. En échappant au rationnel, les légendes se situent dans un monde merveilleux. Appartenant à un cosmos vivant ; montagnes, mers, fleuves se manifestent dans un espace indépendant des lois régissant la matière. Monde de rêve, de contes, de gnomes, de fées, de héros et de monstres dans lequel l'étrange, l'inusité, l'imaginaire s'inscrivent.

A cet égard, Samivel a recueilli de nombreux textes [7]. Ainsi « la pierre, la colline, la montagne sont donc considérées comme des êtres animés d'une vie propre, mâles et femelles, capables de croître, se déplacer, combattre, copuler, engendrer, et dont la substance sera plus ou moins assimilée à celle d'un corps vivant [8] ». Les roches parlent, bougent, sont sensibles à la musique ; parfois elles dansent. L'Inde accentue leur « personnalisation [...] " l'anima " de la montagne se détache à volonté de son corps matériel, peut prendre des formes quelconques, vagabonder sur sa propre cime [9] ».

Les hautes montagnes sont censées être habitées par des dieux dont il convient de s'attirer la bienveillance. Provoquer leur colère pourrait déclencher une série de malheurs. A ce propos, Samivel fait allusion à des expéditions européennes concernant les principales cimes de l'Himalaya au XXe siècle. Tout d'abord, les Anglais seront priés par les gouvernements du Népal de ne pas « troubler les Invisibles ». Ainsi des sommets ont été préservés. Toutefois, des séismes ravagèrent certaines régions. Ils furent attribués à « des divinités outragées par le viol des altitudes ». Puis vinrent les malheurs du Tibet [10]. Il se trouve encore des populations susceptibles de croire à la présence de dieux et de déesses sur les sommets. Atteindre des cimes demeurées vierges est une façon de manquer de respect aux divinités, de violer le secret de leurs habitations. A ce propos, il convient non seulement de parler des dieux mais aussi des « forces maléficientes ». Samivel dénonce la démonologie attribuée à des lieux réservés, quasi inatteignables. Tout risque de se mêler, aussi bien le sacré que la magie.

Ainsi, les civilisations n'échappent pas aux conséquences d'anciens mythes envisagés dans leur littéralité. Les consciences, animées par des croyances primitives, engluées dans des superstitions sordides, en demeurent la proie. Un tel manque d'évolution pourrait faire sourire. En fait, tout se tisse sur un fond d'angoisse, de terreur et d'appétit de bonheur refoulé. Un masochisme n'est pas absent. L'événement se provoque. On l'attire, et d'une certaine manière on l'enfante. Il est plus facile de l'attribuer à des puissances bénéfiques ou malveillantes plutôt que de découvrir et d'endosser ses propres responsabilités. L'homme primitif flotte encore dans l'espace inconscient de certains individus. De temps à autre, il se manifeste.

La montagne offre un monde secret dont le déchiffrement se révèle quasi impossible. D'où le recours au rêve et à l'imagination. Des tabous subsistent dans des populations vivant enfermées sur elles-mêmes, cultivant dans des milieux clos des récits mythiques passés de père en fils. Une fausse culture risque de balayer non seulement les légendes mais aussi des adhésions religieuses assimilées par erreur à des superstitions.

Dans des milieux montagneux, les légendes appartiennent le plus souvent au style oral. Transmises par des conteurs, de bouche à oreille, il serait ridicule de s'en gausser. Leur récit provoque chez l'auditeur une animation nouvelle. En déchiffrant ces contes, ou simplement en y prêtant une oreille attentive, la découverte d'un espace secret, à la fois lumineux et nocturne, se cristallise. Il échappe entièrement aux sens extérieurs. Cependant, sa présence plonge dans un état intermédiaire. Intermonde dans lequel on ne saurait construire sa demeure. Visité par effraction, d'une façon fugitive, il offre un enseignement. Impossible de le circonscrire. Semblables à des signes, les images offertes suscitent diverses interprétations. Rien n'est immobile. Les montagnes bougent. Pourvues d'un langage, elles s'expriment. En communiquant des énergies, elles révèlent leur puissance. Engendrant de nouvelles naissances, elles permettent de visiter en soi-même des lieux secrets inconnus. Ainsi ces légendes font passer de la description extérieure à des régions secrètes. Des connivences surgissent. L'ami des montagnes s'apparente au berger, c'est-à-dire au parfait observateur de la nature devenue pour lui un sujet de lecture. Et sa science étant intransmissible, il la conserve dans son cœur. Elle se transforme en son pain quotidien. L'étrangeté du regard manifeste l'ampleur d'une mystérieuse connaissance ; elle brille dans les yeux du berger et de l'ami des secrets. Ceux-ci sont conservés, tel un trésor, par les sommets des hautes montagnes. Une parenté pourrait s'établir entre un guide de montagne et un berger. L'un et l'autre savent interpréter le souffle du vent et la mobilité des nuages.

Une légende raconte qu'un jeune berger était chargé de garder des troupeaux de moutons dans des alpages. Un jour, une louve – dont les mamelles indiquaient qu'elle nourrissait ses petits – s'empara d'une brebis. Il tenta de la suivre en espérant récupérer la victime. D'un geste large, le garçon bénit la louve ravisseuse. Il savait que la compassion fait fondre le cœur le plus dur... Après avoir marché durant plusieurs heures, le pâtre s'égara. Une averse de neige dissimula le sentier qu'il avait auparavant emprunté. Assis sur un rocher, le berger se pensait perdu, condamné à une mort lente. Soudain, il pria la montagne, en l'invoquant d'une façon fraternelle, de lui indiquer un chemin de retour. Peu après, un loup se présenta. Le pâtre comprit qu'il pouvait lui servir de coursier et en fit sa monture. De retour près de son troupeau, il retrouva la brebis légèrement blessée dont la louve voleuse léchait la plaie. Les loups, mâle et femelle, se rejoignirent et le couple de fauves repartit dans la haute montagne.

Cette historiette peut sembler ridicule. Significative, elle offre un enseignement. Les liens entre les différents règnes témoignent d'une indéniable parenté entre eux. Dans la mesure où un amour compatissant anime l'homme, celui-ci peut influencer le cours des événements. Au IVe siècle de notre ère, de semblables récits concernent la vie des Pères du désert. Leurs rapports avec les animaux, en particulier les ours et même les lions, étaient fréquemment évoqués. Cette insistance permet de comprendre l'unité de la création considérée dans sa réalité originelle. De telles anecdotes provoquent une orientation. Elles n'ont pas d'autre signification. Le plus souvent, la Nature conseille et apprend à aimer. Dans ce sens, la montagne se transforme en guide ascensionnel.

L'historiette a son charme, sa fraîcheur. En la racontant autrefois à leurs enfants, les bergers croyaient peut-être, avec une candeur enfantine, à la conversion du cœur des loups. Ils apprenaient ainsi à ne pas craindre les animaux sauvages qui, dans les légendes, peuplent les montagnes et les déserts. On attribue à un passé lointain ce type de récits. Le croire serait oublier les animaux fabuleux recherchés au XXe siècle.

Dans un chapitre intitulé « L'Inconnu des montagnes [11] », Samivel relate les récits relatifs à l'« abominable homme des neiges » de l'Himalaya lors des expéditions de 1921. En fait, des erreurs de traduction et d'interprétation avaient fabriqué une légende. Toutefois, certains indigènes tibétains croyaient à la réalité de bipèdes velus [12]. En outre, Samivel relate des propos de scientifiques, de grimpeurs orientaux et d'accompagnateurs (sherpa) concernant des phénomènes lumineux. Ceux-ci sont attribués par des physiciens à des décharges électriques et par les indigènes à des manifestations des dieux ou des déesses de la montagne [13]. Le caractère sacré des cimes échappe à la majorité des hommes de science. En revanche, des esprits religieux bouddhistes ou non peuvent distinguer des manifestations provenant d'un monde rempli de mystères toujours à découvrir.

L'adage souvent employé : « La foi soulève les montagnes », concerne le titre d'un chapitre de Lie-tseu à propos du « Vide parfait [14] ». Symbolique, l'histoire racontée ne manque pas de saveur.

Au sud de Pékin, se trouve une chaîne de montagnes. Près de là vivait un homme simple d'esprit, âgé de quatre-vingt-dix ans. Ce vieillard éprouvait un certain malaise, il aurait souhaité qu'un passage donne accès à l'autre versant des monts. Ayant convoqué sa famille, il parvint à la convaincre d'établir une voie. Fils et petits-fils l'accompagnèrent et se mirent à casser des pierres et à les ramasser dans des paniers qu'ils allaient déverser plus loin. Une veuve avec son petit garçon « qui perdait encore ses dents de lait » vint les aider.

Dans les environs, un vieil homme, réputé pour sa profonde sagesse, tenta de détourner de son projet le simple d'esprit. D'une voix ironique, il lui tint ce langage : « Avec les forces qui te restent dans ta décrépitude, tu es incapable d'arracher fût-ce un brin d'herbe de la montagne et tu veux arracher la terre et les rochers ? » En l'entendant, son interlocuteur ne modifia en aucune façon le travail commencé. Ému par ce courage, le Seigneur ordonna aux deux fils du vieillard « de charger [...] deux montagnes sur le dos et de les déposer » plus loin. Ainsi fut fait. Un large passage permit désormais aux voyageurs de traverser aisément la chaîne des montagnes [15].

Le sens de cette légende est significatif. L'homme libéré, animé par une foi invincible, échappe aux lois. Aidé par le monde invisible, il franchit les obstacles. Des anecdotes, différentes dans leur présentation, mais analogues quant à leur enseignement, se trouvent dans d'autres traditions, en particulier dans le judéo-christianisme. Rien n'est impossible à l'homme lorsqu'il se laisse mouvoir par le monde divin. L'erreur commise par de nombreux lecteurs des Écritures consiste à récuser des récits qu'il convient de ne pas prendre à la lettre. Les interpréter symboliquement permet de recevoir un enseignement de sagesse. Celui-ci varie suivant la capacité de chacun.

Pour mieux saisir le sens de ces interprétations, il importe de recourir à « l'imagination active » si bien décrite par C.G. Jung à propos de ce qu'il appelle « l'homme vieux de deux millions d'années [présent] en nous [16] ». Ce « vieil homme » se retrouve surtout chez les peuples à l'abri des civilisations. Mais il somnole chez tous les hommes et se manifeste dans l'usage des symboles et des images [17] qui parfois nous enchantent.

Il en est ainsi pour un texte de Novalis dans *Les Disciples à Saïs* [18]. Un jeune homme d'une grande bonté résidait volontiers dans les cavernes et les forêts. Il parlait avec les animaux, les arbres et les rochers. Ceux-ci essayaient de le distraire. Une oie lui disait des contes, des ruisseaux chantaient une ballade, une pierre sautait d'une façon comique. Rien ne pouvait l'arracher à sa mélancolie. D'une merveilleuse beauté, le jeune homme nommé Hyacinthe aimait une fille. Mais il la délaissa pour entreprendre un voyage mystérieux à travers des monts et des déserts de sables incandescents. Peu à peu, il subit une métamorphose. « Le temps lui devint lent à s'écouler. » Sur son passage, les fleurs riaient.

Un jour, se trouvant devant une apparition de la Vierge céleste, il souleva son voile et découvrit son amie Fleur-de-rose. Elle se situait dans un au-delà du temps et de l'histoire. Hyacinthe avait appris à aimer non pas le passage mais l'éternité.

Un petit nombre seulement
Sait le mystère de l'amour,
Éprouve l'insatisfaction
Et la soif éternelle [19].

Les masques et les excentricités

Dans toutes les traditions, afin d'écarter les curieux et aussi pour ne pas susciter les louanges et les attachements des visiteurs, certains moines et laïcs simulent une forme de folie. Rien de bien nouveau. Le cortège de Dionysos était soi-disant composé d'êtres hybrides. A ce sujet, Pierre Hadot fait allusion aux « impudents, bouffons, paillards... [qui] constituaient le chœur des drames satyriques, genre littéraire dont *Le Cyclope* d'Euripide reste un des rares témoins [20] ». Dans *Le Banquet* de Platon (215 b), Alcibiade compare Socrate à des silènes. Revêtir des caractéristiques bouffonnes consistait à prendre un masque susceptible de provoquer en autrui étonnement et malaise. Ce qui semble fréquent en Asie ne concerne guère l'Occident ; à moins qu'il ne s'agisse de tradition chrétienne de source orientale. Un texte ancien d'origine chinoise présente un enseignement d'apparence insolite, dont la signification ne saurait être mise en doute, du fait de sa pertinence.

Ji Gong est un moine du XIIIe siècle. Illuminé, il dissimule la profondeur de sa propre sagesse sous les traits d'une apparente folie. Le roman bouddhique, racontant ses aventures, date du XVIIIe siècle [21]. Lors des offices monastiques, il chante des refrains montagnards. Détaché de toutes les contingences, cet homme réalisé aux comportements insolites quitte souvent son monastère pour voyager et s'adonner à de multiples excès. « Au-delà de la vie et de la mort, au-delà de la Vacuité et de la Plénitude, voilà ce qu'on appelle le *Zhenren* [...] Cette fascination est à son comble lorsque le *Zhenren,* cessant d'être une abstraction montagnarde [...] intervient dans la réalité ordinaire [22]. » Selon un dicton chinois, « l'homme véritable ne dévoile pas son aspect véritable [23] ». Ainsi, le *Zhenren* choisit de voyager continuellement. Cette errance lui permet de plonger dans l'anonymat et de disparaître sans laisser de traces. Il en fut ainsi pour ce moine qui, durant son existence, simulait la folie afin de voiler sa propre sagesse. Après son décès et sa crémation, des messages apportèrent une lettre à son abbé. Elle contenait un poème du défunt, dont ce texte :

Portant mon baluchon de nuages
je monte vers les cimes [24].

Pendant sa vie, ce moine opérait des miracles. Ses frères se moquaient de lui. Humble, il faisait plier la terre et le ciel. Ses demandes exaucées plongeaient dans la stupéfaction son entourage. Telle est l'histoire de ce moine, surnommé frère Bonsecours, qui s'adonnait à la boisson et cuvait ensuite son ivresse. Il exerçait son mystérieux pouvoir de sage sur les hommes et sur la nature, sans jamais rencontrer le moindre obstacle sur son chemin.

Récemment, un ouvrage a été consacré aux ermites chinois vivant actuellement dans des montagnes difficiles d'accès [25]. Après avoir quitté les États-Unis en 1972, Bill Porter s'installe dans la province insulaire chinoise de Taïwan afin de participer aux offices d'un monastère bouddhiste. Puis, retiré dans un village montagnard, il se voue à la traduction d'anciens textes composés par des ermites chinois. Lorsque les voyages seront autorisés, Bill Porter partira à la recherche des ermites dissimulés dans les hautes montagnes. Il sera seul ou accompagné d'un photographe.

A toutes les époques, des ermites ont illustré la Chine. Et les premiers maîtres de la civilisation chinoise écrivirent des histoires évoquant des solitaires reconnus comme des sages. Des ascètes furent sollicités par des hommes puissants pour devenir leurs conseillers. Mis à part des cas d'une extrême rareté, les solitaires refusaient de quitter leur cachette. Les propos des ermites variaient suivant leur adhésion. Dans le bouddhisme, l'illumination remplit un rôle important. Pour le taoïsme, elle apparaît secondaire. Durant l'existence, un corps immortel se forme et se sépare du corps mortel au moment de la mort.

L'autonomie financière des ermites chinois doit être signalée : ils se suffisent. Vivant dans l'isolement, rarement visités, ils reçoivent les voyageurs à la façon des Pères du désert, en partageant avec eux leur frugale nourriture. Bill Porter fait allusion à une nonne taoïste, devenue bouddhiste, qui se retira dans la solitude. « Vous ne pouvez pas vivre dans le monde des montagnes – expliqua-t-elle – si vous êtes encore attaché, si votre regard n'a pas transpercé la poussière rouge. La vie est dure dans les montagnes. Mais quand vous avez pris conscience des illusions du monde, les difficultés n'importent plus [26]. »

La Révolution culturelle était censée avoir libéré la Chine de son passé. De nombreux couvents devinrent des écoles et des usines. Des monastères furent anéantis, des bibliothèques brûlées, des moines battus et parfois massacrés. D'après Bill Porter, des ermites allèrent se terrer sur des sommets. Parmi eux, certains simulèrent la folie afin de ne pas retenir l'attention de ceux qui seraient susceptibles de les chasser. La pérennité des solitaires bouddhistes ou taoïstes en haute montagne chinoise a toujours suscité l'étonnement et l'admiration. La tendance actuelle consiste à considérer quelques petits groupes de moines comme des centres d'attraction pouvant favoriser les voyages, en particulier d'Occidentaux, et devenir lucratifs.

En Inde, les ascètes ne cherchent pas à camoufler leurs excentricités. Et ceux qui les rencontrent ne s'en offusquent guère. Les bizarreries de leur conduite font partie du paysage. Quant aux moines chassés du Tibet, réfugiés ici et là, en particulier en Inde, leurs communautés situées en Europe attirent les visiteurs. De nombreux jeunes gens occidentaux sont séduits par la vie monastique tibétaine.

Cette pseudo-folie a pour but de camoufler une connaissance illuminatrice dont la majorité des hommes est incapable de saisir la réalité concrète. La foule se gausse, elle ironise, se moque de ceux qu'elle considère comme des originaux.

Chez les orthodoxes, les *Iourodivye,* « les fous pour le Christ [27] », s'exprimaient librement. Ces ascètes ne craignaient pas de révéler leurs erreurs aux puissants. Avec douceur et compassion, ils réconfortaient les simples. Un texte de Paul (1 Co 4, 10) : « Nous sommes fous à cause du Christ », justifiait à leurs yeux cette bizarre attitude. Dans son livre, consacré aux mystiques russes, Tomas Spidlik insiste sur l'importance donnée à la liberté d'esprit. Certains moines croyaient posséder des intuitions fulgurantes et s'adonnaient, avec plus ou moins de prudence, à des prédictions. Parfois celles-ci relevaient du délire de leur imagination. L'étrangeté de leur comportement sauvegardait leur solitude. Déconcertés par leur attitude, ceux qui les approchaient, pour leur demander conseil, s'éloignaient aussitôt. Les *Iourodivye* existaient encore au XIXe siècle. La littérature russe y fait volontiers allusion. Leurs propos, les nombreuses légendes les concernant enchantaient le peuple édifié par de tels récits. L'Église slave apparaît plus tolérante que sa sœur occidentale. Cependant, il importe de ne pas oublier saint François et ses disciples. Considérés comme des hommes étranges, ils étaient parfois chassés avec violence. Non seulement ils provoquaient les railleries, mais on leur jetait des pierres.

Recourir au port d'un masque ou à des formes excentriques peut devenir un facteur personnel de déséquilibre. Cette attitude n'est possible que chez les solitaires ou bien encore chez un reclus vivant avec un ou deux compagnons. Dans les communautés normales, la présence d'un « fou » se montrerait à la fois terriblement dangereuse et même intolérable.

L'erreur serait de croire que l'ascension de la montagne intérieure concerne uniquement des moines appartenant aux diverses traditions. L'appel s'adresse à tous les hommes capables de dépasser l'omnitude. Libérés d'eux-mêmes, grâce à un parfait détachement, ils peuvent entreprendre l'ascension de la montagne du dedans. Toutefois, cette montée ultime exige d'être si possible dépourvue de responsabilités accaparantes freinant la liberté extérieure et intérieure.

Dans les monastères, il importe sans doute d'opérer une traversée de tout ce qui s'apparente à un système, afin de trouver l'accomplissement de sa propre voie. Le fait d'être matériellement pris en charge, par une communauté, libère des soucis financiers quotidiens. Quelques moines éprouvent la nécessité de publier, c'est-à-dire de laisser des traces dans une société qu'ils ont théoriquement quittée. Il est d'ailleurs normal qu'un spécialiste s'exprime. Dans certains cas, il convient plutôt de pouvoir communiquer. Le besoin d'écrire et de parler est peut-être un prurit susceptible d'atteindre des religieux jeunes ou âgés qui n'ont pas eu l'occasion de faire des études spécialisées. Par ailleurs, la parution d'ouvrages comble le vide engendré par le manque de femmes et d'enfants. L'ascension de la montagne du Fond exige de nombreux renoncements.

Le silence, dans lequel pénètre le montagnard du dedans, pourrait s'interpréter comme une forme d'égoïsme par ceux qui appartiennent à la conscience commune. L'échange, le partage échappent désormais au regard. Les rencontres ne sont pas nécessaires. En quittant le visible pour le monde invisible, elles franchissent les frontières et passent du particulier à l'universel.

La situation de ces silencieux se montre inconfortable du fait de sa rareté. Après une longue montée, les sujets parvenus à franchir la cime du dedans se tiennent dans l'immensité de l'instant et de son déploiement. Dépourvus de tout ancrage, ils flottent dans le temps et l'histoire. Devenus « fils de l'éternité », ils se savent sans passé et sans avenir. Nul jugement de valeur n'est formulé par eux à l'égard d'autrui. Leur sens cosmique parvient à une nouvelle étape. Une vision de la nature avec ses plantes et ses animaux divers est non seulement regardée avec amour, mais elle devient, en quelque sorte, merveilleusement fraternelle. Situés au-delà de toute division, des liens amicaux se tissent avec les hommes. Aucune limite n'arrête le déploiement d'une tendresse dont la vasteté se trouve engendrée par la sagesse dans le mystère de l'invisible.

Une question identique risque de se poser à chaque étape franchie dans l'exercice des montées successives : le montagnard du dedans traverse-t-il des états d'euphorie et aussi d'angoisse ? L'alternance des oppositions successives se déroule en provoquant la sensibilité lors de certaines escalades pouvant sembler périlleuses. Ensuite, d'après des hommes expérimentés, une neutralité s'installe. La disparition de l'émotivité permet une entrée dans le raisonnable. Puis la raison s'éclipse, entraînant avec elle tout ce qui appartient à la logique et au rationnel. Le féminin dépassé, le masculin s'évanouit à son tour. « Le ni Juif ni Grec... ni homme ni femme », dont a parlé l'apôtre Paul (Ga 3,28) s'applique d'une façon concrète. L'apôtre évoque l'unité dans le Christ. Il serait possible de faire appel au passage dans le monde invisible, c'est-à-dire à une condition paradisiaque située au-delà des formes religieuses.

Ainsi, la dernière étape, correspondant à l'ascension ultime, se situe au-delà des oppositions, des contraires et des ressemblances. Le montagnard du dedans célèbre des noces de plus en plus intimes avec la création entière. Sa transfiguration provoque la mutation ascensionnelle de toutes les créatures. Sorte de printemps pouvant survenir durant n'importe quelle saison. C'est ainsi que l'homme intérieur rajeunit tandis que l'homme extérieur peut connaître la fatigue du vieillissement, selon la parole de Paul à laquelle il convient de revenir. Celle-ci concerne le constant renouvellement de l'homme intérieur (2 Co 4,16). En raison du petit nombre d'hommes capables de reconnaître l'importance des ermites vivant dans de hautes montagnes, il est de toute évidence que pour eux un tel choix d'isolement s'apparente à une douce folie.

Rabbi Eléazar ben Dordia s'assit un jour entre deux collines, et s'écria : « Ô ! vous, collines et montagnes, demandez grâce pour moi. » Puis, « ayant mis sa tête entre ses genoux, il pleura [...] jusqu'à ce que son âme quittât ce monde [28] ».

Cette anecdote révèle la fraternité entre l'homme « juste » et les montagnes. Elle peut s'interpréter comme une communion entre les deux dimensions humaine et divine.

La montée insolite

Un jour, qu'on ne saurait dater, cinq hommes se groupèrent. Ils ne se connaissaient guère. Pas d'ancienne camaraderie d'école. Un projet commun les avait réunis : tenter l'ascension d'un haut sommet. La chronique ne révèle pas le lieu de l'expédition. Il est loisible de penser qu'elle se déroula en Chine. Il y a fort longtemps.

Animés par un courant de profondeur, ils semblaient ne pas appartenir à une tradition précise. Durant leur jeunesse, ils avaient accepté les croyances de leurs familles. Devenus autonomes, après avoir quitté leurs parents, ils tentèrent de naviguer dans l'isolement d'une recherche qui ne leur laissait aucun répit. Le jour, ils souhaitaient combler le vide de leur ignorance par l'étude. Clémente, la nuit les enseignait par des flashes successifs, totalement différents des rêves. Sortes de songes, explications données par d'invisibles maîtres dont la bienveillance éveillait leur gratitude.

Contrairement à ce qu'on pourrait croire, en raison des difficultés liées à la réalisation de leur projet, ces hommes n'étaient plus des jeunes gens. Leurs cheveux blanchissaient, des rides striaient leur front et leurs joues. L'un d'eux entendait mal ; un autre possédait une vue défectueuse. Tous savaient l'importance de la lenteur dans la découverte du dedans. Pourquoi ce refus de toute hâte ? L'enfant grandit peu à peu. Des mois et des années sont nécessaires pour qu'il devienne capable de découvrir et d'acquérir sa singularité. Au-dedans, le ***puer aeternus*** (l'enfant de l'éternité) se dégage sans hâte. Sa croissance comporte des avancées et aussi des reculs. Lorsque l'homme intérieur progresse, l'homme extérieur semble s'amoindrir. Il n'en est rien. Toutefois, son attention reçoit des sollicitations nouvelles. Ce qui le comblait auparavant s'émousse. Séduit par le dedans, le dehors suspend son monopole. La lucidité accompagne la qualité de l'éveil. La somnolence apparaît inépuisable. Faux sommeil ! Léthargie inconsciente. Durant le parcours du dehors au dedans, un vent mystérieux ne cesse de balayer les illusions. Celles-ci se serrent les unes contre les autres pour faire bloc. Ou encore, elles défilent en colonnes processionnelles. Cherchant perpétuellement une pâture, elles scrutent des terres d'accueil. Tous, un jour ou l'autre, nous leur donnons asile. En nous et hors de nous, elles veulent trouver des proies, non parmi les frustes mais chez ceux qui croient savoir quelque chose et de ce fait tentent d'attirer des disciples pour les enseigner.

Nous ne savons rien des conditions sociales et des différentes fonctions exercées par ces cinq hommes. Étaient-ils célibataires, ou mariés avec femmes et enfants ? Le conte ne le dit point. Nous devons accepter d'ignorer ce qu'ils durent laisser derrière eux pour accomplir leur aventure. Sans doute possédaient-ils une connaissance suffisante pour savoir l'importance du renoncement à soi-même. Apprendre à se quitter exige un apprentissage.

Quant à leurs noms, ils se révèlent si difficiles à écrire et à prononcer qu'ils ont été abandonnés pour des pseudonymes. En voici quelques-uns : John, Max, William... Peut-être s'agissait-il d'Occidentaux ayant adopté une appellation asiatique afin de mieux se dissimuler et de n'offrir aucun point de repère. En fait, il conviendrait de parler d'anonymat. Cependant, il est nécessaire de les désigner différemment afin de saisir leurs singularités et l'originalité de leurs différences.

Venus de lieux divers, ils partirent d'une vallée pour faire l'ascension d'une haute montagne. Et cela en mauvaise saison. La pluie et surtout la neige risquaient de les bloquer, du moins passagèrement. Ils en avaient conscience. Certains éprouvaient une hésitation qu'ils tentaient de dissimuler. Pourquoi ne pas remettre à plus tard leur aventure ? Personne ne les attendait. La vallée souriante ressemblait à une mère enlaçante, couveuse, par moments involontairement castratrice. Il pouvait sembler fou de quitter un lieu revêtu d'une splendide verdure, avec des gazons, des arbres, des jardins, des fleurs et surtout des oiseaux.

La veille de leur départ, assis à une table d'auberge, buvant lentement de l'alcool, tous souhaitaient l'apparition d'un événement susceptible de retarder leur ascension. A des degrés divers, ce désir habitait leur corps, voguait dans leur mental, fusait dans leurs regards et faisait trembler leurs lèvres. Conscient de sa lâcheté, chacun se croyait le seul à ressentir une terrible épouvante qui faisait frissonner leurs reins et les rendait honteux. Toutefois leurs réactions se diversifiaient au gré de leurs caractères. L'un se moquait de lui. Considérant la vallée comme un sein tiède, un autre aurait aimé se réfugier dans sa douce chaleur. Se jugeant ridicule, humilié, le troisième souffrait de sa frayeur. Le quatrième songeait à sa jeunesse ; il se trouvait bien vieux et serait sans doute un mauvais grimpeur. Manquant d'imagination, le cinquième demeurait serein.

A l'instant de leur départ, tous avaient retrouvé la paix. Avec joie, le matin, aux premières lueurs de l'aube, ils abordèrent la montagne. Par un mouvement de tête amical, ils la saluèrent. Deux ou trois invoquèrent le dieu protecteur ou encore la déesse. Celui qui avait des yeux faibles pria pour obtenir une meilleure vision. Un seul demanda de s'approcher de l'essentiel durant l'ascension. En dépit des épaules chargées, les torses se tenaient droit.

La montée aspirait les cinq hommes. Stimulés par une « sobre ivresse », ils avançaient. Lorsque la paroi rocheuse exigeait leurs efforts, les souffles se distinguaient les uns des autres. Les rythmes se différenciaient. Obligés parfois de s'agripper aux aspérités de la pierre, ils portaient sur leurs traits une concentration grave et refusaient de se regarder. Écartant toute distraction, ils avançaient en silence.

D'une façon différente, la fatigue les envahissait. Lorsque l'un d'eux se voyait dans la nécessité de ralentir sa marche, ses confrères optaient pour un pas moins rapide. Ils avaient la sagesse de s'arrêter de temps à autre. Étonnés de ne rencontrer aucun homme opérant une descente, ils souhaitaient croiser un nouveau visage. Cette nudité des rochers leur semblait austère. La verdure leur manquait. Ayant aperçu quelques brins d'herbe, John y posa discrètement ses lèvres. Son visage s'empourpra. Il ruisselait de tendresse.

Au début de leur ascension, ces hommes devisaient entre eux lorsqu'ils bivouaquaient. Après avoir dressé leur tente, ils se restauraient autour d'un feu allumé à l'abri du vent.

Parfois, l'un ou l'autre chantait. Bavards durant les premiers jours, ils furent rendus muets par la vision de la neige sur le flanc de la montagne.

En effet, un silence émanait de ce vaste revêtement blanc. Un silence de mort ? Il n'en était pas question. Une présence du monde invisible. Un au-delà du langage. Mutisme par excès de contenu. A la façon d'une trace animale ou humaine, toute parole aurait souillé cette immense nappe, vierge de tout visiteur.

Un soir, au troisième jour de l'ascension, la nature leur sembla inquiète. Mue par un imperceptible tremblement, elle paraissait osciller légèrement. Le prochain coucher du soleil en était-il la cause ? Possédant la grâce de se tenir dans l'instant, la nature, toujours neuve, ignore les habitudes nées des répétitions. Elle vit tout au présent. Frissonnantes, les montagnes allaient bientôt connaître la froidure de la nuit. Lorsque l'ombre avance pour évacuer le jour, une certaine panique s'empare des végétaux et des animaux. En tant que microcosme, les hommes accordés au cosmos éprouvent fraternellement l'émotion d'une rupture entre la lumière et l'obscurité envahissante.

Le silence s'imposait. D'où provenait-il ? Douée d'une extrême finesse, une oreille aurait pu percevoir le léger bruissement des sources. Dans l'épaisseur nocturne, elles poursuivaient leur chant.

La beauté cosmique se déploie en l'absence de tout témoin. Tel est un des grands mystères. De même, le son n'exige point d'être perçu. Les oiseaux chantent et les fleurs s'épanouissent sans rechercher le moindre public pour leur adresser des louanges.

Fatigués par leur montée dans le froid, les cinq hommes dressèrent leur tente. Silencieusement, ils contemplèrent la descente du soleil. Des nuages rouges apparurent ; l'étrangeté de leurs formes retint leur attention. Avant l'arrivée de la nuit, le temps du lendemain se dessine pour celui qui sait déchiffrer les signes. John partageait l'art de cette lecture. Observateur, il ne communiquait guère le contenu de ce qu'il apprenait.

La clarté de la pleine lune remplaça celle du soleil. Une luminosité blanche, impossible à définir. Se glissant dans les corps, elle pouvait gérer les pensées. Dénuée de tout parfum, elle répandait cependant une odeur moite d'agonie.

Soudain, la lumière lunaire éclaira un précipice proche du lieu où les hommes bivouaquaient. L'abîme attirait le regard. Fascinante de blancheur, la neige brillait. Vaste sépulcre silencieux !...

La lune paraissait privilégier la crevasse. Séductrice, elle invitait les visiteurs imprudents. Puis, déplaçant sa clarté, elle pénétra dans la tente où les hommes commençaient à prendre leur repas.

John monopolisait cette lumière blanche hallucinante. Ses yeux bleus changèrent de couleur. Sur sa tête, ses cheveux se dressèrent. Sorte de spectre aux joues livides et aux gestes incohérents. Semblant ignorer la présence de ses compagnons, il levait les bras et les abaissait à la façon d'un oiseau battant des ailes avant de prendre son essor.

Il se mit debout. A cet instant, le cri d'un rapace déchira le silence. Hurlement de panique annonçant peut-être un trépas ! Sorte de tocsin.

Devant ses camarades, John s'exprima :

« Mes amis nous sommes fous. Complètement fous ! Nous avons opté pour faire ensemble l'ascension d'un sommet. Nous grimpons avec difficulté en raison des parois rocheuses et aussi de notre âge. Lorsque nous serons arrivés au point ultime, nous tenterons ensuite une descente. Nous agissons tels des ignorants. *La seule montée valable concerne la montagne intérieure.* Son commencement et sa poursuite exigent une extrême solitude. Rien ne peut se partager. Le contenu découvert est incommunicable... D'où la tragédie qu'il importe de vivre. »

Regardant amicalement, John ébaucha un signe d'adieu de la main avant de les quitter.

Épouvantés, ceux-ci comprirent que l'inévitable allait se produire. Aucun d'eux ne chercha à retenir celui qui abandonnait une ascension qu'il jugeait totalement vaine.

Quelques minutes passèrent... Chacun savait que John ne reviendrait pas.

Ils entendirent un long cri triomphal. Clameur humaine exprimant non seulement un bonheur mais une merveilleuse jubilation.

Un des hommes se dressa. Secrètement, il souhaitait regarder l'abîme du précipice. Titubant, il se rassit.

Ce départ volontaire bouleversa les membres du petit groupe. Peut-être, dans le fond d'eux-mêmes, comprenaient-ils de façon différente que leur montée devenait privée de sens. C'était simplement une performance. Celle-ci engageait le corps et l'âme. Elle ne concernait pas l'esprit.

La nuit passa. Les quatre hommes fermèrent leurs paupières sans pour autant connaître le moindre sommeil. Ils n'échangèrent aucun propos concernant le départ de John. Le lendemain, à l'aube, ils reprirent leur cheminement. Une lassitude les envahissait. Elle ralentissait leur pas et flottait dans leurs yeux.

Dans l'après-midi, William dérapa et se foula le pied. L'ascension fut passagèrement stoppée.

Brusquement, ils eurent la surprise d'être rejoints par une

colonne composée de plusieurs hommes qui avaient entrepris une descente. Heureux de trouver des visages inconnus, durant quelques heures, ils parlèrent ensemble. Sans formuler la moindre explication, deux des quatre compagnons renoncèrent à poursuivre leur aventure. Silencieusement, ils se joignirent à ceux qui descendaient.

Max demeura seul avec l'accidenté dont on avait bloqué la cheville grâce à une attelle. Après un repos plus ou moins bref, celui-ci pourrait marcher de nouveau.

Deux jours après, des jeunes gens – portant une civière chargée d'un garçon gravement blessé – descendirent vers la plaine. L'homme à la cheville foulée s'associa à leur groupe dont le pas était lent.

Sans émotion, Max opta pour la poursuite de l'ascension. Son isolement provoqua en lui une mystérieuse joie. Liesse dont il prenait peu à peu conscience. Cependant, il portait dans son cœur l'absence de ses compagnons de route : la mort... et les abandons. Ces départs successifs auraient pu l'accabler. Des énergies fraternelles flottaient en lui et autour de lui.

La communication peut avoir l'avantage de stimuler, d'apporter au creusement un regain d'énergie en favorisant un nouveau questionnement. Stimulation susceptible de provoquer une accélération intérieure ; d'accroître la poussée au-dedans d'une mystérieuse semence. Floraison imprévue avec son parfum. Fruits jamais cueillis par soi-même, car destinés à tous. D'invisibles mains détachent des branches les nourritures qui leur conviennent. Ailés, à la façon des oiseaux, des hommes épars dans le monde reçoivent en abondance suivant leur faim, leur appétit et leur capacité.

Dans sa solitude, une angoisse s'empara soudain de Max. Devait-il renoncer ou poursuivre son ascension ? N'allait-il pas succomber à son tour durant sa démarche ? Pouvait-il vivre l'intensité de cet isolement ? Il s'éprouvait fissuré. Le vent soufflait sur son visage et sur son corps. Parfois, il titubait de détresse. Il lui semblait qu'un aquilon mystérieux pénétrait en lui, dans son corps éventant aussi ses sens intérieurs. Ceux-ci tremblaient, oscillaient. Ils auraient pu disparaître, s'évanouir subrepticement.

Il prit la décision de s'accorder quelques jours de réflexion. Lorsqu'il rencontrerait un abri, la moindre hutte, il irait s'y reposer. Dans le calme, il pourrait mieux répondre à ses interrogations, avant de se déterminer.

Durant deux jours, il continua son ascension. N'ayant plus à modeler son pas sur celui de ses compagnons, il avait adopté la démarche qui lui convenait, la sienne. Un matin, alors qu'il avait passé la nuit à l'abri d'un rocher, dans la clarté de l'aube, il aperçut une sorte de grotte. Devant l'entrée, se tenait un homme, hirsute, de petite taille, vêtu d'une robe primitivement brune, lavée par la pluie et percée par l'usage. Max alla vers lui. L'ermite l'accueillit en souriant. Les poils de sa barbe et de ses moustaches dissimulaient ses gencives édentées. Son regard étincelait de lumière. Max éprouva la chaleur de deux petits soleils qui se posaient sur lui.

« Je t'attendais, lui dit le solitaire. Tout en ignorant la date de ta venue, je savais que tu viendrais. » Il offrit à son visiteur un repas de légumes cuits et aussi de baies sauvages. Un thé chaud parfumé communiqua à l'invité une sorte de détente imprévue dont il s'étonna. Réconforté, Max voulut raconter les tragiques péripéties de son ascension et les départs successifs de ses amis. L'ermite l'interrompit : « Je sais, dit-il, les épreuves que tu viens de traverser. Inutile de m'en parler. D'ailleurs, elles sont derrière toi. Tu n'as plus à leur faire face. Tiens-toi dans le présent. »

Après un bref silence, le solitaire reprit la parole : « Je te laisse, dit-il, la grotte que j'habite. Tu auras un lit, des couvertures, une table, deux chaises, quelques livres. Des visiteurs m'ont apporté du thé et des bols. Tu pourras faire chauffer tes aliments. Près de l'enclos, à l'abri du vent et de la neige, tu trouveras un petit jardin avec des légumes. Tout est pour toi. Prends un certain temps de repos et tu apprendras ce que tu dois faire. »

Comblé, Max esquissa timidement une prière : « Ne pourrais-je pas t'accompagner ? Nous monterions ensemble. » L'ermite fit non de la tête.

Épuisé, Max s'étendit sur une vieille carpette posée sur le sol et s'endormit. Lorsqu'il s'éveilla, la nuit déjà venue avait répandu son ombre. Il appela son nouvel ami. Aucune réponse. Il le chercha dans le fond de la grotte. Rien. Pendant son sommeil, l'ermite était parti... Durant quelques instants, Max ressentit une immense angoisse. Ayant pris deux bols de thé, il se recoucha. Soudain, une terrible lassitude physique l'écrasait. Un désarroi intérieur le laissait pantelant. Accablé, incapable de faire face, passivement, il se réfugia dans le sommeil.

Les jours, les mois passèrent... Il en fut ainsi des saisons qui se succédèrent. Le printemps arriva avec la fonte des neiges. Max méditait, cultivait le petit jardin – qu'il avait pu agrandir en apportant un peu de terre sur la roche. Plusieurs fois, il reçut la visite d'animaux sauvages qu'il caressa. Assis devant l'entrée de son ermitage, il observait souvent les nuages et leurs mouvements. Tout d'abord, il s'était mis à écrire, à noter ce qu'il comprenait. Puis il y renonça. Un après-midi, il se tenait perché sur une pierre devant sa grotte, quelques feuillets de papier posés sur les genoux, lorsqu'un vent violent prit dans un tourbillon les pages et les dispersa. Il ne tenta pas de les récupérer. Dans ce petit incident, il pensa distinguer un signe d'abandon qui lui était conseillé. Pourquoi écrire ? Croire faire du bien par une publication est le plus souvent une douce illusion. En se réconfortant soi-même par l'écriture, il y a risque de construire un autre personnage. Seuls les écrivains de métier échappent à ce type de piège. Écrire, pour un solitaire, est une manière de s'observer, de se confronter à soi-même. Parfois de créer un vis-à-vis afin de briser son isolement. Tout au moins de le rendre supportable.

Un matin, Max fut surpris par la présence d'un personnage hirsute dont les longs cheveux entouraient le visage et rejoignaient une barbe qui n'avait pas été taillée depuis fort longtemps. L'ayant aperçu de loin, le solitaire se demanda s'il n'était pas le jouet d'une hallucination. Et cela d'autant plus qu'un épais brouillard s'étendait sur les rochers.

Après l'avoir rejoint, l'inconnu s'exprima avec lenteur : « Je descends de la cime. Plus de six mille mètres. Tu te trouves à trois ou quatre jours de marche normale vers le sommet. Exténué, j'ai besoin de repos. Puis-je partager ta solitude durant quelques jours ? »

Max répondit d'une façon affirmative.

Le visiteur reprit la parole :

« En haut, l'émerveillement est trop dense pour être traduisible avec des mots. Le souffle du vent atteint une telle puissance qu'il pourrait déraciner, c'est-à-dire briser, anéantir. La beauté apparaît féerique ou plutôt paradisiaque. Éventail de couleurs étranges. Un autre soleil. Une lune différente.

Les sens intérieurs se dilatent. Le cœur déborde de tendresse et de compassion pour tout l'univers. »

Devant le silence attentif de son interlocuteur, il poursuivit :

« Avant d'arriver au sommet, on se trouve face à face avec un petit lac. Une eau calme dont les tons ne cessent de changer. M'étant approché de la rive, j'ai voulu regarder le reflet de mon visage. La vue d'un vieillard hideux m'a fait relever la tête. L'onde m'appelait... Forme maternelle prête à m'accueillir, elle me tendait d'invisibles bras. J'ai dû reculer afin de ne pas céder à la tentation de plonger et de m'engloutir.

« De nouveau au bord de la rive, je me suis penché. J'ai aperçu la face d'un jeune homme imberbe... Intérieurement, j'ai compris qu'il s'agissait d'un ressuscité...

« Puis j'ai entendu battre le cœur de la montagne. Il s'accordait au rythme de mon propre cœur. Lié amoureusement au cosmos, je me trouvais intégré dans l'immensité de sa dimension.

« Plus de séparation entre les mondes visible et invisible. Dépassement des diverses dualités... J'aurais souhaité vivre sur la rive de ce lac. Mais je serais sans doute devenu fou. Il se présente un niveau qu'il importe de ne pas dépasser. Comment ne pas tenir compte de sa fragilité physique et psychique...

« Durant quelques secondes, j'ai compris que je décollais du temps, que l'éternité m'absorbait. Cette rupture dénude. On reçoit et on se vide de soi-même. On est à la fois comblé et réduit à rien. »

Dans la soirée, à la suite d'un dialogue entre Max et son visiteur, il fut convenu que celui-ci attendrait son retour. Ensemble, ils se dirigeraient vers la plaine.

Le lendemain matin, les deux hommes se quittèrent... Max entama la montée vers le sommet.

Des jours passèrent, semaines et mois... Avec patience, le vieillard attendait.

Max ne revint pas.

Conclusion

> Il arrivera à la fin des jours,
> que la Montagne de la maison de l'Éternel
> sera établie au sommet des montagnes,
> et élevée au-dessus des collines.
>
> (Mi 4,1).

Signe de verticalité, pont entre le bas et le haut, la fonction de la montagne consiste à relier les dimensions terrestre et céleste. Comparable à un vase alchimique, la montée opère la mutation du plomb en or pur. Les révélations s'accomplissent sur les sommets.

Le symbole de la montagne se découvre grâce à une constante progression. Lors de l'ascension intérieure, aucune cime n'est jamais atteinte d'une façon permanente. D'où la mobilité des mouvements répétitifs.

L'accès au *mont des Révélations* permet de recevoir un enseignement. Celui-ci est trop secret pour être transmis, sinon d'une façon approximative.

C'est à chacun de recevoir et de retenir une vision fulgurante répondant à sa propre ouverture et capacité. La dimension de profondeur se trouve éclairée. La béatitude éprouvée se transforme en un silence célébrant le passage du temps à l'éternité.

La montagne s'apparente à un poème. Or « pour lire un poème, il faut – selon Wei K'Ing-Tche – un regard de diamant [1] », c'est-à-dire un regard limpide et lumineux, issu d'un degré de parfaite maturité. La fermeté du diamant désigne l'aspect inaltérable de la réalité spirituelle située au-delà des diverses mutations.

Tout devient montée ; tels les actes les plus simples de la vie quotidienne. Les opposés sont bannis. En effet, les contraires s'épousent. Au cours de la démarche, l'horizontalité et la verticalité ont pu s'unir. Quant à la mort, la voici transformée en un sommet, lieu de métamorphoses.

Pour celui qui tente l'escalade de sa *Montagne intérieure,* il arrive un instant où les montagnes du dehors et du dedans s'effacent. Les reflets se retirent et les formes s'évanouissent, car « le mystère de la Théophanie éternelle [2] » a été découvert.

Ces pages, consacrées au symbole de la montagne, n'ont pas à être envisagées sous l'angle d'une invitation au voyage, au progrès, à la montée. Et cela *uniquement* par respect pour les options personnelles des lecteurs. En ayant conscience de la difficulté du « dire » et des lacunes qu'il comporte, ce propos tente de présenter une escalade.

Monter exige une extrême prudence. Les précipices, éboulements, avalanches guettent tout visiteur d'une montagne extérieure. Les faux pas peuvent avoir de graves conséquences. Il en est de même pour la montagne du dedans. Impossible de faire l'économie des erreurs, illusions, épreuves douloureuses, arrachements.

Dans ce texte, de nombreuses répétitions peuvent sembler inopportunes. Elles s'imposaient, tels des refrains accompagnant la démarche de l'homme-montagne dont l'exercice s'accomplit en spirale. Passages différents inaugurant des étapes progressives.

Tous les hommes sont estimables indépendamment de leurs propres choix : Plaine – Vallée – Colline – Montagne.

L'expérience des amis de la *Montagne intérieure* comble toute attente. Elle introduit dans un dévoilement illimité... Entrée dans une éblouissante lumière ne comportant aucun crépuscule. Accès à l'*éternité*.

Notes

Nota bene : me trouvant à la campagne lors de la rédaction de ce livre, je n'ai pas toujours eu accès aux dernières éditions des ouvrages cités.

Préface

1. *Les Carnets de Léonard de Vinci,* trad. Louise Servicen, Paris, Gallimard, 1942, Préface de Paul Valéry, t. 1, p. 7.

Préliminaires : La montagne et ses ornements

1. Samivel, *Hommes, Cimes et Dieux,* Paris, Arthaud, 1973, p. 239. L'auteur présente des légendes d'origine orientale et occidentale.

2. Henri Le Saux, *Intériorité et révélation : essais théologiques,* Sisteron, 1982, Coll. Présence, p. 168.

3. *Ibid.,* p. 92.

4. Ueda Akinari, *Contes de pluie et de lune,* trad. du japonais par René Sieffert, Paris, Gallimard/Unesco, 1956, p. 73.

5. *Ibid.,* p. 75-76, 79.

6. Tchouang-Tseu, *Le Rêve du papillon,* trad. Jean-Jacques Lafitte, Paris, Albin Michel, 1994, p. 20.

7. Le *Zohar,* appelé *Livre de la splendeur,* se trouve au début de la Kabbale juive (XIIIe siècle).

8. Edward Hoffman, *Mystique juive et Psychologie moderne, La voie*

de la splendeur, traduit de l'américain par Sylvie Carteron, Paris, Dervy-Livres, 1988, p. 69.

9. *Les Carnets de Léonard de Vinci,* Paris, Gallimard, 1942, t. 2, p. 313.

10. *Homélies sur Jérémie,* trad. par Pierre Husson et Pierre Nautin, Paris, éd. du Cerf, 1977, t. II, *Sources chrétiennes,* n° 238, p. 41.

11. *Ibid.*, p. 41-42.

12. Voir sur ce thème, Marc Girard, « Les symboles dans la Bible », *Recherches,* nouvelle série, 26, Montréal, éd. Bellarmin ; Paris, éd. du Cerf, 1991, p. 929-936.

13. *Ibid.*, p. 931.

14. En Asie orientale, l'arc-en-ciel est assimilé au serpent signifiant le monde souterrain. Voir Jean Chevalier, *Dictionnaire des symboles,* Paris, Laffont, 1969, p. 63.

15. Voir M.-M. Davy, *Tout est noces,* Paris, Albin Michel, 1993, p. 165 sv.

16. Samivel, *L'Œil émerveillé ou la Nature comme spectacle,* Paris, Albin Michel, 1976, p. 37.

17. Samivel, *Hommes, cimes et dieux,* Paris, Arthaud, 1973, p. 7.

18. *Ibid.*, p. 19.

19. *Ibid.*, p. 31.

20. Samivel, *L'Œil émerveillé, op. cit.*, p. 84.

21. *Ibid.*, p. 86.

22. *Ibid.*, p. 87.

23. *Ibid.*, p. 161.

24. *Ibid.*, p. 163.

25. *Id.* Ayant eu le privilège de rencontrer plusieurs fois Samivel chez lui avec son épouse et de me lier d'amitié avec ce merveilleux couple, j'ai pu admirer la profondeur de son regard. Dans sa lumière, celui-ci portait le reflet des contemplations d'aurores ; sur ses lèvres un indéfinissable sourire...

26. Voir les nombreux ouvrages de Frison-Roche publiés chez Arthaud en particulier *Premier de cordée, La Grande Crevasse, Retour à la montagne, Les Montagnards de la nuit, Gens des neiges,* etc.

27. Maurice Herzog devint commissaire à la Jeunesse et aux Sports sous de Gaulle.

28. Philippe Cézart, « Pierre Béghin, La montagne était sa passion », dans *Aventure au XXe siècle,* Spécial festival de Dijon, n° 62, p. 6.

29. *Id.*

30. Heinrich Harrer, ***Retour au Tibet,*** Paris, Arthaud, 1985, p. 55. Voir aussi du même auteur *Sept ans d'aventures au Tibet,* Paris, Arthaud, 1952, et le recueil de photographies de Kevin Kling, *Tibet, terre du ciel,* Paris, éd. du Chêne, 1984.

31. Henri Harrer, *Retour au Tibet, op. cit.,* p. 65.

32. *Ibid.,* p. 263.

Première partie : De l'horizontalité à la verticalité

1. Cf. Jean Daniélou, *Platonisme et théologie mystique, Essai sur la doctrine spirituelle de saint Grégoire de Nysse,* Paris, Aubier, 1944, p. 192.

2. *Ibid.,* p. 201.

3. *Ibid.,* p. 203.

4. *Milosz par Milosz,* Entretiens de Czeslaw Milosz avec Ewa Czarnecka et Aleksander Fiut, traduit du polonais par Daniel Beauvois, Paris, Fayard, 1986, p. 238. Czeslaw Milosz, né en Lituanie en 1911, se consacre tout d'abord à la poésie. Après avoir séjourné en France, il s'installe aux États-Unis et enseigne les littératures slaves à l'Université de Berkeley (Californie). *Œconomia divina* est un poème.

5. Philosophe allemand, Martin Heidegger (1889-1976), disciple d'Husserl, fut professeur et recteur à l'Université de Fribourg-en-Brisgau. Ses ouvrages, en particulier ceux consacrés au temps et à la métaphysique, éclairent des problèmes essentiels. Toutefois, son comportement à l'égard du nazisme a été et est encore très discuté.

6. Les partisans de l'environnement ne tiennent pas compte de l'*âme du Monde (anima mundi)* et du macrocosme par rapport à l'homme microcosme.

7. Grégoire de Nysse, *Traité de la virginité,* intr. et trad. par Michel Aubineau, Paris, éd. du Cerf, 1966, Coll. Sources chrétiennes, t. 119, p. 177-178.

8. *Ibid.,* p. 178.

9. *Ibid.,* p. 180.

10. *Ibid.,* p. 98.

11. *Ibid.,* p. 483-485. Voir la note 6 de la p. 483. Après avoir cité

des références à Platon, Michel Aubineau retient une expression platonicienne particulièrement significative : « C'est chose légère que le poète, ailé. »

12. *Ibid.*, p. 131.

13. Gérard Eschbach, *Jean Tauler, La naissance de Dieu en Toi,* Paris, éd. O.E.I.L., 1986, p. 64.

14. *Ibid.*, p. 65.

15. Les auteurs de l'époque médiévale reprennent la division proposée par Philon d'Alexandrie († 54).

16. *Ibid.*, p. 70. Pour le thème de l'âne et du serviteur, Tauler s'inspire du récit biblique concernant Abraham ; cf. Gn 22,5.

17. Gaston Bachelard, *L'Air et les Songes,* Paris, José Corti, 1994, p. 18.

18. *Ibid.*, p. 52.

19. Roger Arnaldez, « La dialectique des sentiments chez Philon », dans *Philon d'Alexandrie,* Colloques nationaux du Centre national de la recherche scientifique, Lyon, 11-15 septembre 1966, Paris, éd. du CNRS, 1967, p. 302.

20. *Ibid.*, p. 323.

21. *Id.*

22. Philon, *Quod Deterius,* intr. et trad. et notes par Irène Feuer, Paris, éd. du Cerf, 1965, n° 5, p. 23 sv.

23. *Ibid.*, p. 23.

24. *Ibid.*, p. 42-43 ; voir la note 1 de la page 41.

25. *Ibid.*, p. 51.

26. *Id.*

27. Armand Abécassis, « Les Lieux saints », dans *Les Pèlerins de l'Orient et les Vagabonds de l'Occident,* Cahiers de l'université Saint-Jean de Jérusalem, n° 4, Paris, Berg International, 1978, p. 52.

28. Au XIIe siècle, des monastères prennent le nom de *Scala Dei.* Les cisterciens de Morimond établissent une filiale dans le diocèse de Tarbes sous ce nom. De même, une chartreuse porte ce titre dans le diocèse de Tarragone.

29. Sur ce thème, voir l'important article et l'excellente bibliographie présentée par Guerric Couilleau dans le *Dictionnaire de spiritualité,* fasc. LII-LIII, Paris, Beauchesne, 1972, col. 369-389.

30. Jean Brun, « L'Étoile et les Tours de Babel », dans *Les Pèlerins de l'Orient et les Vagabonds de l'Occident, op. cit.*, p. 13.

31. *Ibid.*, p. 19.

32. *Ibid.*, p. 21.

33. Certains traducteurs mentionnent des « tours » pour désigner les seins de l'Épouse. Il est préférable, suivant le texte, de proposer des images se rapportant au monde végétal et animal. Les seins de la bien-aimée évoquent deux faons jumeaux d'une gazelle (Ct 7,4) ou encore des grappes de palmier (Ct 7,9).

34. Marie-Louise von Franz, *Les Visions de saint Nicolas de Flue,* trad. de Jacqueline Blumer, Paris, Dervy, 1988, coll. La Fontaine de Pierre, p. 43-46.

35. Sur les stylites, voir H. Delehaye, *Les Saints stylites,* Bruxelles, 1923, rééd. 1962 ; J. Lassus, « Images des stylistes », dans *Bulletin d'études orientales,* t. 2, 1932, p. 65-82. Voir l'article de Tomáš Špidlik et son excellente bibliographie, dans le *Dictionnaire de spiritualité,* fasc. XCV, Paris, Beauchesne, 1990, col. 1267-1275.

36. Actuellement, certains comportements de « mystiques » (?) orientaux et occidentaux, doués d'un puissant magnétisme, déclenchent par leur présence une psychose collective d'hommes et de femmes plus ou moins *inconscients.* Bouleversée par une émotion communicative – amplement partagée, la majorité des assistants éprouve un choc. Celui-ci se traduit par une brusque et passagère amélioration de leur équilibre physique et psychique. A toutes les époques, la foule se montre avide de sensationnel.

37. Bachelard, *L'Intuition de l'instant,* Paris, Denoël, 1932 (rééd. 1971), p. 13.

38. Propos cité par Gaston Bachelard, *op. cit.*, p. 77.

39. *Ibid.*, p. 105.

40. *Id.*

41. *Ibid.*, p. 106.

42. Jean Lescure, « Introduction à la poétique de Bachelard », dans Bachelard, *L'Intuition de l'instant, ibid.*, p. 115. Cette Introduction est placée à la fin de l'ouvrage.

43. Texte non daté. Cf. *La Montagne vide, Anthologie de la poésie chinoise* IIIe-XIe *siècle,* traduite et présentée par Patrick Carré et Zéno Bianu, Paris, Albin Michel, 1987, Coll. Spiritualités vivantes, p. 16.

44. *Ibid.*, p. 19.

45. *Ibid.*, p. 20.

46. *Ibid.*, p. 25.

47. Voir sur le thème du « cinabre », *Dictionnaire des symboles,* sous la direction de Jean Chevalier, Paris, Robert Laffont, 1969, p. 207-208.

48. *La Montagne vide, op. cit.*, p. 37.

49. *Ibid.*, p. 33.

50. *Ibid.*, p. 36.

51. Il importe de distinguer le sens profane de son interprétation religieuse. Le plus souvent, le terme grec comporte une perspective de repos, paix, quiétude. Grâce à la position « assise », le sujet cesse de s'agiter. Au niveau religieux, le mot se rapporte à la « prière de Jésus » pratiquée particulièrement au mont Athos et aussi par de nombreux spirituels chrétiens. Sur ce thème, voir Pierre Adnès, « Hésychasme », dans le *Dictionnaire de spiritualité,* Paris, Beauchesne, 1968, fasc. LXIV-LXV, p. 381-399.

52. Au Moyen Âge – mis à part les cisterciens – les contemplatifs faisaient volontiers accomplir les travaux manuels par des convers. La mentalité a pu heureusement se modifier.

53. Voir en particulier son ouvrage *La Vie d'ermite,* Paris, Albin Michel, 1992, Coll. Spiritualités vivantes.

54. Psaumes des montées 120 à 134.

55. Eckhart, *De l'homme noble,* dans *Les Traités,* trad. Jeanne Ancelet-Hustache, Paris, éd. du Seuil, 1971, p. 146-147.

56. *Ibid.*, p. 147.

57. *Ibid.*, p. 161.

58. *Ibid.*, p. 167.

59. *Id.*, voir p. 13.

60. *Id.*

61. *Ibid.*, p. 149-150.

62. Philon d'Alexandrie, *De migratione Abrahami,* trad. Jacques Cazeaux, Paris, éd. du Cerf, 1965, t. 14, p. 181-183.

63. *Ibid.*, p. 182, note 1.

64. *Ibid.*, p. 183.

65. *Ibid.*, note 5.

66. *Souvenirs d'Arunâchala. Récit d'un ermite chrétien en terre hindoue,* Paris, Épi (DDB), 1978, p. 170.

67. Un exemple illustre cette assertion. Certains monastères ne vendent pas dans leurs librairies les ouvrages de Le Saux. On peut les comprendre. En raison d'une prudence humaine – à distinguer de la vertu prudentielle –, ils s'adressent à la foule toujours séduite par le besoin de comparer et de tenter... d'imiter. Faute de pouvoir contrôler *de visu* les librairies, il convient de se rapporter à des visiteurs avertis.

68. Jean Brun, *Les Vagabonds de l'Occident, L'expérience du voyage et de la prison du moi,* Paris, Desclée, 1976, p. 11.

69. Cet ouvrage d'un immense intérêt accuse la tragédie des différences sociales. Paris, Seuil, 1994.

70. Philon d'Alexandrie, *Quæstiones in Genesim,* I et II, intr. et trad. Charles Mercier, Paris, éd. du Cerf, 1919, nº 34 A, p. 69 et 71.

Deuxième partie : La montée et sa symbolique

1. Origène, *Homélies sur la Genèse,* trad. de Louis Doutreleau, Paris, éd. du Cerf, 1944, Coll. Sources chrétiennes 7 bis, p. 237.

2. *Ibid.*, p. 244.

3. *Ibid.*, p. 246. Pour annoncer des décès, certaines rubriques de journaux font parfois allusion à un « retour vers Dieu ».

4. Dom Jean Leclercq, « Otia monastica », *Studia Anselmiana* 51, Rome, 1963, p. 135.

5. Voir à ce propos Henri Crouzel, *Origène et la « connaissance mystique »*, Paris, Desclée de Brouwer, 1961, p. 438.

6. Se référant à Origène *(Hom. in Luc VII),* Henri Crouzel observe que le départ de Marie pour le « pays des montagnes » signifie un progrès. Par ailleurs, « Jésus, retrouvé au Temple, redescend avec ses parents, parce qu'ils n'étaient pas assez parfaits pour rester à Jérusalem sur la hauteur », *ibid.*, p. 438, note 4.

7. Selon Origène, le deuxième avènement du Christ correspond à sa présence reconnue dans le cœur des hommes.

8. Sur ce thème, cf. Hans Urs von Balthasar, *Parole et Mystère chez Origène,* Paris, éd. du Cerf, 1957, p. 21-22.

9. Henri Crouzel, *Origène et la « connaissance mystique », op. cit.*, p. 440.

10. *Ibid.*, p. 458.

11. Origène, *Homélies sur les Nombres,* intr. et trad. d'André Méhat, Paris, éd. du Cerf, 1951, p. 428.

12. Grégoire de Nysse, *Traité de la virginité,* intr. et trad. de Michel Aubineau, Paris, éd. du Cerf, 1966, Sources chrétiennes 119, p. 393.

13. Origène, *Homélies sur le Cantique des Cantiques,* Paris, éd. du Cerf, 1966, Sources chrétiennes 37 bis, p. 127.

14. *Homélies sur Jérémie,* trad. par Pierre Husson (†) et Pierre Nautin, Paris, éd. du Cerf, 1977, Sources chrétiennes 238 ; t. II ; *Hom.* XII, 12, p. 41 sv.

15. Gaston Bachelard, *L'Air et les Songes,* Paris, José Corti, 1994, p. 20.

16. *Ibid.,* p. 19.

17. *Ibid.,* p. 19-20.

18. *Ibid.,* p. 9.

19. *Ibid.,* p. 12.

20. Philon d'Alexandrie, *De migratione Abrahami,* trad. par Jacques Cazeaux, Paris, éd. du Cerf, 1965, p. 146-147. D'après Philon, la *voie royale* consiste à suivre un sentier direct. « Voie du milieu » élargie par Dieu (*ibid.,* p. 187). En revanche, dans le désert, il n'existe ni route ni sentier (*De Abrahamo,* 86).

21. Voir l'Introduction de Michel Aubineau au *Traité de la virginité* de Grégoire de Nysse, Paris, éd. du Cerf, 1966, Sources chrétiennes, t. 119, p. 109-110.

22. *La Bhagavad-gîtâ,* présentation et traduction par Guy Deleury, Paris, Imprimerie nationale, 1992, p. 81.

23. Sur ce thème, voir le *Dictionnaire des symboles,* paru sous la direction de Jean Chevalier. Cf. 1re édition, Paris, Robert Laffont, 1969, « Roi », p. 653-655 ; « Voie royale », p. 811-812.

24. Lama Anagarika Govinda, *Le Chemin des nuages blancs, Pèlerinages d'un moine bouddhiste au Tibet,* trad. par Josette Herbert et Antoinette Perelli, Paris, Albin Michel, 1976.

25. *Ibid.,* p. 121-125.

26. La folie et la mort constituent de réels dangers. Ignorer ces risques proviendrait d'un manque de lucidité.

27. Lama Anagarika Govinda, *Le Chemin des nuages blancs, op. cit.,* p. 125.

28. *Ibid.,* p. 287.

29. *Ibid.,* p. 288.

30. *Id.*

31. Lie-tseu, dans *Philosophes taoïstes,* trad. par Liou Kia-Hway et Benedykt Grynpas, Paris, Gallimard, 1980, éd. de la Pléiade, p. 387.

32. *Le Chemin des nuages blancs, op. cit.*, p. 288.

33. Saint Bernard, *Traité de l'amour de Dieu,* XV, 39. P.L. 182, 998 D.

34. *Ibid.*, X, 27. P.L. 182, 990 C.

35. Saint Bernard, *Sermons divers,* intr. et trad. par Pierre-Yves Emery, frère de Taizé, Paris, Desclée de Brouwer, 1982, t. 1, p. 250. Job dira : « Qui peut tirer le pur de l'impur ? Personne » (14,4).

36. Sur le thème du « rocher », voir le *Vocabulaire de théologie biblique* publié sous la direction de Xavier Léon-Dufour, Paris, éd. du Cerf, 1977, p. 1132-1133.

37. Alexis Klimov, *Jakob Böhme, Confessions,* Documents spirituels 8, Paris, Fayard, 1973, p. 209 sv.

38. Saint Bernard, *Sermons divers,* intr. et trad. par Pierre-Yves Emery, Frère de Taizé, Paris, Desclée de Brouwer, 1982, t. 1, p. 248-249.

39. *Ibid.*, sermon 60 pour l'Ascension, t. 2, p. 60, 65-66.

40. *Ibid.*, sermon 61, t. 2, p. 65.

41. *Ibid.*, sermon 60, t. 2, p. 60, 62-63.

42. *Ibid.*, sermon 61, t. 2, p. 66.

43. *Ibid.*, sermon 118, t. 2, p. 212.

44. Jean Tauler, *Sermons,* édition intégrale réalisée par plusieurs traducteurs, Paris, éd. du Cerf, 1991, p. 142.

45. Jean Tauler, deuxième sermon pour l'Ascension, *op. cit.*, p. 147.

46. *Ibid.*, p. 148.

47. Troisième sermon pour l'Ascension, *ibid.*, p. 149.

48. *Ibid.*, p. 152.

49. *Ibid.*, p. 160.

50. Cinquième sermon pour l'Ascension, *op. cit.*, p. 162.

51. Philon d'Alexandrie, *De ebrietate de sobrietate,* trad. Jean Gorez, Paris, éd. du Cerf, 1962, p. 130-131.

52. *Ibid.*, p. 132-133 sv.

53. Jean Tauler, *Sermons, op. cit.*, p. 111.

54. *Ibid.*, p. 310.

55. *Id.*

56. Philosophe et visionnaire soufi du XIIIe siècle.

57. Henry Corbin, *L'Imagination créatrice dans le soufisme d'Ibn 'Arabî,* Paris, Flammarion, 3e éd., 1994, p. 159.

58. *Id.*

59. *Ibid.*, p. 160.

60. Henry Corbin, *Corps spirituel et Terre céleste. De l'Iran mazdéen à l'Iran shî'ite,* Paris, Buchet-Chastel, 1979, p. 98.

61. *Ibid.*, p. 292, note 20.

62. *Ibid.*, p. 100.

63. *Ibid.*, p. 100-101.

64. Paul Claudel, *Connaissance de l'Est,* texte cité par Claude-Michel Cluny, dans *Cent poèmes pour ailleurs,* Paris, La Différence, 1991, p. 59.

Troisième partie : Sacralisation et sanctification des monts

1. Sur ce thème, voir en particulier le *Vocabulaire de théologie biblique,* publié sous la direction de Xavier-Dufour, Paris, éd. du Cerf, 4e éd. 1977, p. 791-795.

2. Grégoire le Grand, *Morales sur Job,* livres 1 et 2, intr. de Dom Robert Gillet (o.s.b.), trad. de Dom André de Gaudemaris (o.s.b.), Paris, éd. du Cerf, 1950, p. 70.

3. Alphonse Dupront, *Du sacré, croisades et pèlerinages. Images et langages,* Paris, Gallimard, 1987.

4. *Ibid.*, p. 339.

5. *Id.*

6. *Ibid.*, p. 327.

7. *Ibid.*, p. 361-362.

8. *Ibid.*, p. 379.

9. *Ibid.*, p. 381.

10. *Ibid.*, p. 393 et p. 397.

11. *Ibid.*, p. 413.

12. Bernard Gorceix, *Amis de Dieu en Allemagne au siècle de Maître Eckhart,* Paris, Albin Michel, 1984, coll. Spiritualités vivantes.

13. *Ibid.*, p. 167-168.

14. *Ibid.*, p. 168.

15. *Ibid.*, p. 204.

16. *Id.* Bernard Gorceix cite un texte de Ruysbroeck, d'après J. A. Bizet, *Ruysbroeck. Œuvres choisies,* Paris, Aubier, 1946, p. 244.

17. Henry Corbin, *Temple et Contemplation, Essais sur l'Islam iranien,* Paris, Flammarion, 1980, p. 386.

18. Il convient toujours de distinguer la vie contemplative de la contemplation. Une certaine pratique de la vie contemplative n'aboutit pas nécessairement à la contemplation.

19. Cf. Henri Le Saux, *Intériorité et révélation,* Sisteron, éd. Présence, 1982, p. 171.

20. Henri Le Saux, *Initiation à la spiritualité des Upanisads,* Sisteron, Présence, 1979, p. 27.

21. Voir Dom P. Lugano, *L'Italia benedettina,* Rome, F. Ferrari, 1929, p. 1-83 et l'excellent article de R. Gazeau (o.s.b.) dans *Catholicisme,* fasc. 40, Paris, Letouzey, 1980, col. 592-594.

22. André Frachebourg, « Saint Benoît montagnard ou de la " gravitas " bénédictine », dans *Collectanea cisterciensia,* t. 55, 1993-3, p. 308-313.

23. *Ibid.*, p. 309.

24. Texte cité par André Frachebourg, *ibid.*, p. 310.

25. Abbé J. Gillet, *La Chartreuse du Mont-Dieu...,* Reims, H. Lepargneur, 1889 ; Guillaume de Saint-Thierry, « Lettre aux frères du Mont-Dieu », éd. et trad. de Dom Jean Dechanet, Paris, éd. du Cerf, 1975, dans *Sources chrétiennes,* n° 223 ; M.-M. Davy, « Un traité de la vie solitaire, Lettre aux frères du Mont-Dieu de Guillaume de Saint-Thierry », Paris, J. Vrin, 1946, dans *Études de philosophie médiévale,* n° XXIX (thèse de doctorat).

26. *Millénaire monastique du Mont-Saint-Michel,* Paris, Lethielleux, 1967 et 1971, 4 vol. ; Michel Riquet, *Le Mont-Saint-Michel, Mille ans au péril de l'histoire,* Paris, Hachette, 1965 ; Dom Edmond Martène, *Histoire de la congrégation de Saint-Maur,* éd. G. Charvin, 10 vol., Ligugé, 1928-1954. Voir aussi Alain Landurant, *Symboles des manuscrits médiévaux du Mont-Saint-Michel,* éd. Bertout (76810 Luneray), 1993, coll. La Mémoire normande.

27. Sur ce sujet, voir l'article de R. Gazeau (o.s.b.) dans *Catholicisme,* Paris, Letouzey, 1980, n° 49, p. 607.

28. Paris, Arthaud, 1986. L'auteur retient : Saint-Maurice-d'Agaune, Novalaise, Talloires, Grand-Saint-Bernard, Abondance, La Grande-Chartreuse, Currière, Saint-Hugon, Chalais, Boscodon, Tamié, Le Reposoir, Hautecombe.

29. Il est sans doute préférable de ne pas aller en hiver au Reposoir.

30. R. Panikkar, « Contribution du monachisme chrétien d'Asie à l'Église universelle », dans *Les Moines chrétiens face aux religions d'Asie,* Bangalore, 1973, Secrétariat A.I.M. (Aide inter-monastères pour les jeunes églises), Bénédictines de Vanves, p. 342-353.

31. *Ibid.*, p. 345.

32. *Ibid.*, p. 347.

33. *Ibid.*, p. 348.

34. *Ibid.*, p. 352-353.

35. Henri Le Saux (swami Abhishiktananda), *Souvenirs d'Arunâchala,* Paris, Desclée de Brouwer (Épi), 1978, p. 58.

36. *Ibid.*, p. 9.

37. *Ibid.*, p. 15.

38. *Ibid.*, p. 115-116.

39. *Ibid.*, p. 116.

40. Chrétien, le récipiendaire évoquera un texte évangélique (Mt 19,29 ; Mc 10,30) : « Il recevra le centuple et la vie éternelle. »

41. G.G. Scholem, *Les Grands Courants de la mystique juive,* Paris, Payot, 1960, 1994, p. 17.

42. Dov Baer de Loubavitch, *Lettre aux hassidim sur l'extase,* intr. et notes par Louis Jacobs, trad. par Georges Lévitte, Paris, Fayard, 1975, coll. L'Espace intérieur.

43. D'après la Bible de Crampon, « YHWH est élevé, et il voit les humbles, et il connaît de loin les orgueilleux » (Ps 138,6).

44. Dov Baer de Loubavitch, *Lettre aux hassidim sur l'extase, op. cit.*, p. 125.

45. *Ibid.*, p. 126.

46. *Ibid.*, p. 138, note 44.

47. Pour Dov Baer, il convient toujours de distinguer l'« extase du cœur » de l'« extase du mental ». *Ibid.*, p. 109, note 27.

48. Cf. le texte de la Bible de Crampon : « Moïse dit à YHWH : " Ah ! Seigneur, je ne suis pas un homme à la parole facile, et cela dès hier et dès avant-hier, et même encore depuis que vous parlez à votre serviteur ; j'ai la bouche et la langue embarrassées. " YHWH lui dit : " Qui a donné la bouche à l'homme, et qui rend muet ou sourd, voyant ou aveugle ? N'est-ce pas moi, YHWH ? Va donc, je serai avec ta bouche et je t'enseignerai ce que tu devras dire. " Moïse dit : " Ah !

Seigneur, envoyez *votre message* par qui vous voudrez l'envoyer. " » (Ex 4,10-13).

49. Dov Baer de Loubavitch, *Lettre aux hassidim sur l'extase, op. cit.*, p. 110, note 31.

50. *Ibid.*, p. 138, note 46.

51. *Ibid.*, p. 12.

52. *Ibid.*, p. 15.

53. André Neher, *L'Essence du prophétisme,* Paris, Calmann-Lévy, 2e éd. 1983, p. 78.

54. Mircea Eliade, *Images et Symboles,* Paris, Gallimard, 1962, p. 223-224.

55. Heinrich Harrer, *Retour au Tibet,* Paris, Arthaud, 1985, p. 73.

56. *Ibid.*, p. 74.

57. *Ibid.*, p. 75.

58. Xu Xiake, *Randonnées aux sites sublimes,* trad. par Jacques Dars, Paris, Gallimard, 1993, coll. Unesco, p. XI sv. Voir p. XVIII les noms des lieux visités.

59. *Ibid.*, p. 3-4.

60. *Ibid.*, p. 6.

61. *Ibid.*, p. 6-7.

62. Voir à ce propos, l'histoire du moine et de l'oiseau, dans M.-M. Davy, *L'Oiseau et sa symbolique,* Paris, Albin Michel, 1992, p. 176-177.

63. Xu Xiake, *Randonnées aux sites sublimes, op. cit.*, p. 190-198.

64. *Ibid.*, p. 239, note 5.

65. Dans une note savoureuse, le traducteur Jacques Dars écrit : « Quiconque s'est promené par exemple sur les sommets alpins a pu observer combien les montagnes sont espiègles et adorent se travestir, se cacher, changer de forme et de place, bref, tout faire pour qu'on ait du mal à les reconnaître ou à les situer », *ibid.*, p. 241, note 4.

66. Paris, Gallimard, coll. Poésie, 1962.

67. *Ibid.*, p. 27 et 36.

68. *Ibid.*, p. 62.

69. *Ibid.*, p. 63.

70. *Ibid.*, p. 187.

71. *Ibid.*, p. 219.

72. *Ibid.*, p. 259.

73. *Ibid.*, p. 264.
74. *Ibid.*, p. 274.
75. *Ibid.*, p. 302.
76. *Ibid.*, p. 504.
77. Traduit du chinois et présenté par Pierre Lorain et Zhu Jie. Paris, La Différence, coll. Orphée, 1992.
78. *Ibid.*, p. 59.
79. *Ibid.*, p. 61.
80. *Ibid.*, p. 77. « La montagne sort d'une bouche », écrira Tchouang-tseu. Son traducteur explique dans une note que « le nom de montagne est sorti de la bouche de l'homme ». Par ailleurs, « le mot chinois " bouche " possède une signification symbolique, c'est le symbole de l'intelligence humaine. » Voir *L'Œuvre complète de Tchouang-tseu,* trad. de Liou-Kia-hway, Paris, Gallimard, 1969, p. 272 et 382, note 47.
81. *Ibid.*, p. 51.
82. *Ibid.*, p. 26.
83. *Ibid.*, p. 33.
84. Paris, Gallimard, coll. Poésie, 1971.
85. *Ibid.*, p. 37.
86. *Ibid.*, p. 117.
87. *Ibid.*, p. 183.
88. *Ibid.*, p. 41.
89. *Ibid.*, p. 93.
90. *Ibid.*, p. 138.

Quatrième partie : La montagne intérieure

1. Un choix de textes appartenant à ce *Journal* a pu paraître sous le titre *La Montée au fond du cœur,* Paris, O.E.I.L., 1986. Ce *Journal* n'était pas destiné à la publication. Actuellement, la discrétion à l'égard de soi-même et d'autrui est complètement défunte. Toutefois ces textes peuvent aider des chercheurs dans l'accomplissement d'une démarche sinon identique du moins analogue.
2. Ouvrages parus à Boston, traduits de l'anglais par Jacques Gontier et publiés à Paris, Les Deux Océans, 1990.
3. Pierre Gire, « Métaphysique, théologie, mystique, chez Maître Eckhart », dans *Transactions philosophiques,* 1 (pas d'autre référence). A

propos des ouvrages de Bernadette Roberts, certains chroniqueurs s'étonneront d'apprendre que cette femme américaine était mariée. Or, l'état monastique n'a pas à revendiquer le moindre privilège ; le célibat non plus. La question posée apparaît donc tout à fait différente.

4. *Vie unitive, op. cit.*, p. 25.

5. *Ibid.*, p. 32.

6. *Au centre de soi-même, op. cit.*, p. 17.

7. Il en est ainsi pour les diverses obédiences de la franc-maçonnerie. L'ampleur de l'aide des maçons à l'égard de leurs frères n'a sans doute pas d'équivalent.

8. Sur le Temple, voir le *Vocabulaire de théologie biblique,* Paris, éd. du Cerf, 1977, p. 1266-1273.

9. Le récit concernant les « vendeurs du Temple » se trouve aussi dans Mc 11,17 ; Lc 19,46 ; Jn 2,16.

10. Maître Eckhart, *Sermons,* intr. et trad. de Jeanne Ancelet-Hustache, Paris, Seuil, 1974, « Sermon 1 », p. 43 sv.

11. *Ibid.*, p. 44.

12. *Ibid.*, « Sermon 2 », p. 52.

13. *Ibid.*, p. 54.

14. *Ibid*, « Sermon 11 », p. 115.

15. *Id.*

16. Henry Corbin, « Spiritualité du Temple et tradition abrahamique », dans *Jérusalem, la cité spirituelle,* Cahiers de l'Université Saint-Jean de Jérusalem, n° 2, Paris, Berg international, 1975, p. 13-43.

17. *Ibid.*, p. 17.

18. *Id.*

19. *Ibid.*, p. 20.

20. *Id.*

21. *Ibid.*, p. 23.

22. *Ibid.*, p. 23-24.

23. Cf. Henry Corbin, *Temple et Contemplation,* Paris, Flammarion, 1980, p. 420.

24. *Id.*

25. Père Henri Le Saux, *Écrits,* choisis et présentés par M.-M. Davy, Paris, Albin Michel, 1991, p. 173.

26. Voir M.-M. Davy, *Le Désert intérieur,* Paris, Albin Michel, 1993, 4e édition.

27. Allusion au texte formulé par les évangélistes : « On ne met pas du vin nouveau dans de vieilles outres » (Mt 9,17 ; Mc 2,22 ; Lc 5,37).

28. Autrefois, j'ai connu un peintre. D'origine juive, il était très ouvert à la proximité des mystères. L'anecdote qu'il m'a racontée est demeurée vivante dans ma mémoire. Un jour, ayant fait une excursion en montagne, il se perd... La nuit arrive avec le froid. Inquiet, même angoissé, il se recueille et demande à Dieu de le prendre en charge. Pour formuler sa prière, il ferme les paupières. Quand il les ouvre, au bout de quelques instants, il aperçoit une petite lumière. Il marche lentement vers elle et découvre ainsi un refuge. Avant d'y pénétrer, la lumière s'est éteinte. D'ailleurs, le lieu était inhabité.

29. Dov Baer de Loubavitch, *Lettre aux hassidim sur l'extase,* intr. et notes par Louis Jacobs, trad. par George Levitte, Paris, Fayard, 1975, coll. L'Espace intérieur, p. 137, note 30.

30. D'après le texte, c'est en raison de ses fautes que Moïse se trouve empêché de fouler la terre qui appartiendra à Israël.

31. Voir *Upanisad du renoncement,* trad. et notes par Alyette Degrâces-Fahd, Paris, Fayard, 1989, coll. L'Espace intérieur. « Il retrouve sa nature de lumière [...] Douze : une année, c'est-à-dire continûment », p. 236 et p. 241, note 16.

32. Voir le texte « Les masques et les excentricités », p. 209 de cet ouvrage.

33. Cf. Lie-tseu, *Le Vrai Classique du Vide parfait,* trad. par Benedykt Grynpas, Paris, Gallimard-Unesco, 1961, p. 111-112.

34. *Ibid.*, p. 110.

35. « La montagne vide », dans *Anthologie de la poésie chinoise* IIIe-XIe *siècle,* trad. par P. Carré et Z. Bianu, Paris, Albin Michel, 1987.

36. « La montagne vide », *op. cit.*, p. 37.

37. *Ibid.*, p. 65.

38. *Ibid.*, p. 81.

39. *Ibid.*, p. 88.

40. *Ibid.*, p. 15.

41. Paris, Le Courrier du Livre, 1989.

42. *Ibid.*, p. 26.

43. *Upanisads du yoga,* trad. par Jean Varenne, Paris, Gallimard, 1971, coll. Idées, p. 148, 152.

44. *Ibid.*, p. 194.

45. La majorité des monastères chrétiens a abandonné le latin. Au Moyen Âge, les édifices convenaient à la liturgie latine. La voûte romane amplifiait le son. Les langues vernaculaires ne soulèvent pas d'identiques échos.

46. Les adeptes du yoga pratiquent le OM. Cette technique ne comporte pas nécessairement un perfectionnement, un changement de conscience, une mutation concernant un progrès.

47. Jean Daniélou, « La colombe et la ténèbre dans la mystique byzantine ancienne », dans *Eranos Jahrbuch,* 1954, t. 23, p. 389-418, paru à Zurich en 1955. (Cet article a été repris dans le *Bulletin des Amis du cardinal Daniélou,* n° 19, oct. 1993, p. 389 sv.)

48. Henri-Charles Puesch, *En quête de la Gnose,* Paris, Gallimard, 1978, t. II, Bibliothèque des sciences humaines, p. 94.

49. Cf. P.G. 46, 148 D-149 A.

50. Jean Daniélou, « La colombe et la ténèbre... », *art. cité,* p. 393-394.

51. Cf. *République,* 589 A.

52. L'homme moderne qui a pu assister à un *nô* japonais peut plus aisément saisir le sens des masques.

53. Jean Daniélou, « La colombe et la ténèbre... », *art. cité,* p. 395.

54. *Ibid.,* p. 396.

55. Cf. P.G. 44, 1101 A. Ce thème des ailes a été présenté dans mon livre sur *L'Oiseau et sa symbolique,* Paris, Albin Michel, 1992, p. 29-30.

56. Jean Daniélou, « La colombe et la ténèbre... », *art. cité,* p. 397.

57. Cf. 246 B.D.

58. *Ibid.,* p. 397.

59. *Ibid.,* p. 397-398.

60. Grégoire de Nysse, *Traité de la virginité* (XI, 3, 10, 4), intr. et trad. de Michel Aubineau, Paris, éd. du Cerf, 1966, Sources chrétiennes, t. 119, p. 387.

61. Jean de la Croix, *Les Dits de Lumière et d'Amour,* nouvelle traduction de Bernard Sesé, Paris, éd. Obsidiane, 1985, p. 35.

62. Cf. Lucien Régnault, *La Vie quotidienne des Pères du désert en Égypte au IVe siècle,* Paris, Hachette, 1990, p. 226.

63. *Aux origines du monachisme chrétien,* Bellefontaine, 1979, n° 30, p. 142.

64. Cf. Lucien Régnault, *op. cit.*, p. 231.

65. *Id.*

66. Durant mon existence, j'ai connu un seul homme, le docteur Roger Godel, dont l'extrême courtoisie s'appliquait d'une façon identique à tous les individus. Qu'ils soient riches ou pauvres, cultivés ou analphabètes, personnalités connues ou inconnues, une semblable politesse entourait les échanges et dialogues. La rencontre avec des races différentes ne modifiait jamais le ton de sa voix.

67. En 1973, à Bangalore (Inde), une importante rencontre a pu réunir des *moines chrétiens face aux religions d'Asie*. De très nombreux conférenciers ont exposé leurs divers points de vue concernant : « L'expérience de Dieu ; les voies et moyens ; la vie et la prière de communauté ; la responsabilité sociale et la contribution du monachisme chrétien d'Asie à l'Église. » Voir la table des matières, Secrétariat d'A.I.M. (Aide inter-monastères pour les jeunes Églises), bénédictines de Vanves. Ces diverses rencontres font partie du cheminement. En soutenant l'intérêt et en stimulant l'attention, elles imposent leur efficacité.

68. Eckhart, *Poème,* trad. de Alain de Libera, Paris, Arfuyen, 1988, p. 19.

69. R. Panikkar, « Contribution du monachisme chrétien d'Asie à l'Église universelle », dans *Les Moines chrétiens face aux religions d'Asie,* Bangalore, 1973, Secrétariat A.I.M. (Aide inter-monastères pour les jeunes Églises), Vanves, p. 350.

70. Armand Abécassis, « Les lieux saints. Pèlerinage hébraïque – Pèlerinage juif », dans *Les Pèlerins de l'Orient et les vagabonds de l'Occident,* Cahiers de l'Université Saint-Jean-de-Jérusalem, n° 4, Paris, Berg international, 1978, p. 64.

71. Cf. M.-M. Davy, *Initiation médiévale, La philosophie au* XII*e* *siècle,* Paris, Albin Michel, 1980, p. 240.

72. Henri Crouzel, *Origène et la « connaissance mystique »,* Paris, Desclée de Brouwer, 1960, p. 465.

Textes complémentaires

1. Gilbert Durand, *L'Imagination symbolique,* Paris, P.U.F., 2e éd., 1989.

2. *Ibid.,* p. 117.

3. *Ibid.*, p. 118.
4. *Ibid.*, p. 119.
5. *Ibid.*, p. 123. Voir « La hauteur et ses chantres », p. 99 de cet ouvrage.
6. Henry Corbin, *L'Imagination créatrice dans le soufisme d'Ibn 'Arabî,* Paris, Flammarion, 3e édition, 1994, p. 7.
7. Samivel, *Hommes, cimes et dieux,* Paris, Arthaud, 1973.
8. *Ibid.*, p. 104.
9. *Ibid.*, p. 105.
10. Dans les citations, l'orthographe employée par les auteurs est respectée : par exemple cabale, kabbale ; Tibet, Thibet, etc.
11. Samivel, *Hommes, cimes et dieux, op. cit.*, p. 413.
12. *Ibid.*, p. 415 sv.
13. *Ibid.*, p. 435-436.
14. Lie-tseu, *Le Vrai Classique du Vide parfait,* trad. du chinois par Benedykt Grynpas, Paris, Gallimard/Unesco, 1961, p. 108-109 ; p. 216, notes 61-63. L'expression : « La foi soulève les montagnes » se trouve sans doute dans l'original chinois. Même si la traduction n'est pas strictement littérale, le sens du propos s'impose.
15. *Ibid.*, p. 109.
16. Voir Barbara Hannah, *Rencontres avec l'âme, L'imagination active selon C.G. Jung,* Paris, éd. Jacqueline Renard / La Fontaine de Pierre, 1990, p. 265.
17. Voir dans l'ouvrage précité le chapitre VIII intitulé : « La recherche éternelle du grand esprit intérieur », p. 265-275.
18. Novalis, *Les Disciples à Saïs – Hymnes à la nuit, Chants religieux,* trad. d'Armel Guerne, Paris, Gallimard, 1975, coll. Poésie, p. 56-61.
19. *Ibid.*, p. 163.
20. Pierre Hadot, « La figure de Socrate », conférence donnée à Ascona, en 1974, publiée dans *Eranos Jahrbuch,* vol. 43, reprise dans un recueil intitulé *Exercices spirituels et Philosophie antique,* Paris, Études augustiniennes, 1987, p. 79.
21. *L'Ivresse d'Éveil. Faits et gestes de Ji Gong, le moine fou,* trad. du chinois par Yves Robert, Paris, Les Deux Océans, 1989.
22. *Ibid.*, p. 14.
23. *Ibid.*, p. 19.
24. *Ibid.*, p. 275.

25. Bill Porter, *La Route céleste. Mes rencontres avec les ermites chinois d'aujourd'hui,* Paris, éd. de la Librairie Médicis, 1993.

26. *Ibid.,* p. 136.

27. Tomas Spidlik, *Les Grands Mystiques russes,* Paris, Nouvelle Cité, 1979, p. 153 sv.

28. Dov Baer de Loubavitch, *Lettre aux hassidim sur l'extase,* intr. et notes par Louis Jacobs, trad. par George Levitte, Paris, Fayard, 1975, coll. L'Espace intérieur, p. 109, note 19.

Conclusion

1. *La Montagne vide, Anthologie de la poésie chinoise,* IIIe-XIe *siècle,* Paris, Albin Michel, 1987. Voir la page d'exergue au début du livre.

2. Expression employée par Djalâl-od-Dîn Rûmî. Cf. Eva de Vitray-Meyerovitch, Marie-Pierre Chevrier, *Le Chant du soleil,* Paris, La Table Ronde, 1993, coll. Les chemins de la sagesse, p. 151.

Table

OUVRAGES DE MARIE-MADELEINE DAVY

Études médiévales

Les Sermons universitaires parisiens (1230-1231). Contribution à l'histoire de la prédication médiévale, coll. « Études de philosophie médiévale », Paris, Vrin, t. XV.

Pierre de Blois, Un traité de l'amour du XII*e siècle* (ouvrage couronné par l'Académie française) (épuisé).

Guillaume de Saint-Thierry, Meditativae orationes, coll. « Textes philosophiques », Paris, Vrin.

Un traité de la vie solitaire : Epistola ad Fratres de Monte-Dei, Guillaume de Saint-Thierry, préface de Dom Wilmart, coll. « Études de philosophie médiévale », Paris, Vrin, t. XXIX, 2 vol.

Saint Bernard, œuvres traduites et préfacées, coll. « Maîtres de la spiritualité chrétienne », Paris, Aubier (épuisé).

Guillaume de Saint-Thierry, Deux traités de l'amour de Dieu, Bibliothèque des textes philosophiques, Paris, Vrin.

Théologie et mystique de Guillaume de Saint-Thierry, t. I : *La connaissance de Dieu* (thèse de doctorat de philosophie), Paris, Vrin.

Guillaume de Saint-Thierry. Commentaire des Cantiques, Bibliothèque des textes philosophiques, Paris, Vrin.

Guillaume de Saint-Thierry, Deux traités sur la foi : Le miroir de la foi ; L'énigme de la foi, Bibliothèque des textes philosophiques, Paris, Vrin.

Initiation médiévale, la philosophie au XII*e siècle*, coll. « Bibliothèque de l'Hermétisme », Paris, Albin Michel, 1980 et 1987.

« Le Moine et l'Ange en Occident au XIIe siècle », dans *L'Ange et l'Homme*, coll. « Cahiers de l'Hermétisme », Paris, Albin Michel, 1978.

Bernard de Clairvaux, Paris, éd. du Félin, 1990.

Essais

Introduction au message de Simone Weil, Paris, Plon, 1954 (épuisé).

Essais sur la symbolique romane, coll. « Homo sapiens », Paris, Flammarion, 1955.

Initiation à la symbolique romane, Paris, Flammarion, 1964, édité dans la collection « Champs », 1977.

Simone Weil, coll. « Témoins du XXe siècle », Paris, Éd. Universitaires, 1956.

Un philosophe itinérant : Gabriel Marcel, coll. « Homo sapiens », Paris, Flammarion, 1964.

Nicolas Berdiaev, l'homme du huitième jour, coll. « Homo sapiens », Paris, Flammarion, 1964. Rééd. Le Félin, 1992.

Simone Weil, coll. « SUP », Paris, P.U.F., 1966.

La Connaissance de soi, coll. « SUP », 5e éd., Paris, P.U.F., 1988.

L'Homme intérieur et ses métamorphoses, Paris, éd. de l'Épi, 1974, 4e éd., 1984.

Un itinéraire : à la découverte de l'intériorité, Paris, éd. de l'Épi, 1977, 3e éd., 1984.

Henri Le Saux, Swami Abhishiktananda, le Pasteur entre deux rives, coll. « Témoins spirituels d'aujourd'hui », Paris, éd. du Cerf, 2e éd., 1983.

Le Désert intérieur, Paris, Albin Michel, 1983, éd. de poche, 1985.

L'Oiseau et sa symbolique, Paris, Albin Michel, 1992.

Tout est noces, Paris, Albin Michel, 1993.

« Évolution de la liturgie chrétienne », dans *Histoire des spectacles,* La Pléiade, Paris, Gallimard, 1965.

« Clefs de l'art roman », dans *Sources et clefs de l'art roman,* Paris, Berg International, 1973.

Encyclopédie des mystiques occidentale et orientale, direction et articles, Paris, Laffont, 2 vol., 1972 et 1975, éd. Seghers, 1977, 4 vol.

« Histoire et pensée sur la divinité », dans *Croyants hors frontière*, Paris, Buchet-Chastel, 1975.
« La lumière dans le christianisme », dans *Le Thème de la Lumière*, Paris, Berg International, 1976.

Récits et nouvelles

Le Berger du soleil, Paris, Buchet-Chastel, 1965.
Muni, Récit d'une expérience d'intériorité, Paris, Retz, 1985.
La Danse de l'amour et de l'humour, éd. Présence, 1988.
Traversée en solitaire, Paris, éd. Albin Michel, 1989.

DANS LA MÊME COLLECTION

« Spiritualités vivantes »
grand format

La Voie soufie, de Faouzi SKALI.
Musique et extase, l'audition mystique dans la tradition soufie, de Jean DURING.
Enseignements essentiels, du DALAÏ-LAMA, prix Nobel de la Paix.
Thomas Merton, un trappiste face à l'Orient, par Gilles FARCET.
L'Église et les religions ou le désir réorienté, du père Jacques VIDAL.
L'Expérience du Zen, de Thomas HOOVER.
Soleil de prières, anthologie du monde entier, de Sylvie REFF.
Rencontres avec Carlos Castaneda et Pachita la guérisseuse, de Maurice COCAGNAC.
Femmes en quête d'absolu, de Simone Weil à Élisabeth Kübler-Ross, d'Anne BANCROFT.
Ivresse de Dieu. Aventures spirituelles en Égypte, au IV*e* *siècle,* de Monique A. BERRY.
Le Maître et la Thérapeute, de Jacques VIGNE.
Dans le silence de l'Aleph, de Claude VIGÉE.
Ultimes paroles, de KRISHNAMURTI.
Comme un éclair déchire la nuit, du DALAÏ-LAMA.
L'Oiseau et sa symbolique, de Marie-Madeleine DAVY.
La Vie d'ermite, de Michel JOURDAN.
Zen et Occident, de Jacques BROSSE.
Éléments de psychologie spirituelle, de Jacques VIGNE.
Entretiens et causeries, de VIVEKANANDA.
Tout est noces, de Marie-Madeleine DAVY.
La Méditation et la Bible, d'Aryeh KAPLAN.
La Quête de l'Esprit, d'Eugraph KOVALEVSKY.
La lettre, chemin de vie, d'Annick de SOUZENELLE.
Le Christ est né à Chalma, de Maurice COCAGNAC.
L'Eau divine et sa symbolique, de Patricia HIDIROGLOU.
Au-delà des dogmes, du DALAÏ-LAMA.
Job sur le chemin de la lumière, d'Annick de SOUZENELLE.
Le Rêve du papillon, œuvres, de TCHOUANG-TSEU.

Dictionnaire des symboles musulmans, de Malek CHEBEL.
Passerelles. Entretiens avec le Dalaï-Lama sur les sciences de l'esprit.
L'Aventure prophétique. Jonas menteur de Vérité, de Ruth REICHELBERG.
Humanisme et mystique, d'Albert SCHWEITZER (anthologie).
Maître Eckhart ou l'empreinte du désert, de G. JARCZYK et P.-J. LABARRIÈRE.
Les Nuages et leur symbolique, collectif sous la dir. de J. KELEN.

Cet ouvrage a été composé
et achevé d'imprimer sur Roto-Page
par l'Imprimerie Floch à Mayenne,
pour les Éditions Albin Michel
en décembre 1995.

N° d'édition : 15060. N° d'impression : 38380.
Dépôt légal : janvier 1996.

Imprimé en France